BEI GRIN MACHT SICH IHR WISSEN BEZAHLT

- Wir veröffentlichen Ihre Hausarbeit, Bachelor- und Masterarbeit

- Ihr eigenes eBook und Buch - weltweit in allen wichtigen Shops

- Verdienen Sie an jedem Verkauf

Jetzt bei www.GRIN.com hochladen und kostenlos publizieren

Heinrich von Kleist

Deutsche Klassiker

Band 10

Der zerbrochene Krug

GRIN Verlag

Bibliografische Information der Deutschen Nationalbibliothek:

Die Deutsche Bibliothek verzeichnet diese Publikation in der Deutschen Nationalbibliografie; detaillierte bibliografische Daten sind im Internet über http://dnb.d-nb.de/ abrufbar.

Dieses Werk sowie alle darin enthaltenen einzelnen Beiträge und Abbildungen sind urheberrechtlich geschützt. Jede Verwertung, die nicht ausdrücklich vom Urheberrechtsschutz zugelassen ist, bedarf der vorherigen Zustimmung des Verlages. Das gilt insbesondere für Vervielfältigungen, Bearbeitungen, Übersetzungen, Mikroverfilmungen, Auswertungen durch Datenbanken und für die Einspeicherung und Verarbeitung in elektronische Systeme. Alle Rechte, auch die des auszugsweisen Nachdrucks, der fotomechanischen Wiedergabe (einschließlich Mikrokopie) sowie der Auswertung durch Datenbanken oder ähnliche Einrichtungen, vorbehalten.

Impressum:

Copyright © 2008 GRIN Verlag GmbH
Druck und Bindung: Books on Demand GmbH, Norderstedt Germany
ISBN: 978-3-640-22314-5

Dieses Buch bei GRIN:

http://www.grin.com/de/e-book/118751/der-zerbrochene-krug

GRIN - Your knowledge has value

Der GRIN Verlag publiziert seit 1998 wissenschaftliche Arbeiten von Studenten, Hochschullehrern und anderen Akademikern als eBook und gedrucktes Buch. Die Verlagswebsite www.grin.com ist die ideale Plattform zur Veröffentlichung von Hausarbeiten, Abschlussarbeiten, wissenschaftlichen Aufsätzen, Dissertationen und Fachbüchern.

Besuchen Sie uns im Internet:

http://www.grin.com/

http://www.facebook.com/grincom

http://www.twitter.com/grin_com

Der zerbrochne Krug - Heinrich von Kleist

Personen.

WALTER, Gerichtsrath.

ADAM, Dorfrichter.

LICHT, Schreiber.

FRAU MARTHE RULL.

EVE, ihre Tochter.

VEIT TÜMPEL, ein Bauer.

RUPRECHT, sein Sohn,

FRAU BRIGITTE.

EIN BEDIENTER, BÜTTEL, MÄGDE, &c.

Die Handlung spielt in einem niederländischen Dorfe bei Utrecht.

Erster Auftritt

Scene: Die Gerichtsstube.

ADAM (sitzt und verbindet sich ein Bein).

LICHT (tritt auf).

LICHT. Ei, was zum Henker, sagt, Gevatter Adam! Was ist mit euch geschehn? Wie seht ihr aus?

ADAM. Ja, seht. Zum Straucheln braucht's doch nichts, als Füße. Auf diesem glatten Boden, ist ein Strauch hier? Gestrauchelt bin ich hier; denn jeder trägt den leid'gen Stein zum Anstoß in sich selbst.

LICHT. Nein, sagt mir, Freund! Den Stein trüg' jeglicher –?

ADAM. Ja, in sich selbst!

LICHT. Verflucht das!

ADAM. Was beliebt?

LICHT. Ihr stammt von einem lockern Aeltervater, der so beim Anbeginn der Dinge fiel, und wegen seines Falls berühmt geworden; Ihr seid doch nicht –?

ADAM. Nun?

LICHT. Gleichfalls –?

ADAM. Ob ich –? Ich glaube –? Hier bin ich hingefallen, sag ich euch.

LICHT. Unbildlich hingeschlagen?

ADAM. Ja, unbildlich. Es mag ein schlechtes Bild gewesen sein.

LICHT. Wann trug sich die Begebenheit denn zu?

ADAM. Jetzt, in dem Augenblick, da ich dem Bett' Entsteig'. Ich hatte noch das Morgenlied im Mund', da stolpr' ich in den Morgen schon, und eh' ich noch den Lauf des Tags beginne, Renkt unser Herrgott mir den Fuß schon aus.

LICHT. Und wohl den linken obenein?

ADAM. Den linken?

LICHT. Hier, den gesetzten?

ADAM. Freilich!

LICHT. Allgerechter! Der ohnhin schwer den Weg der Sünde wandelt.

ADAM. Der Fuß! Was! Schwer! Warum?

LICHT. Der Klumpfuß?

ADAM. Klumpfuß! Ein Fuß ist, wie der andere, ein Klumpen.

LICHT. Erlaubt! Da thut ihr eurem rechten Unrecht. Der rechte kann sich dieser – Wucht nicht rühmen, und wagt sich eh'r auf's Schlüpfrige.

ADAM. Ach, was! Wo sich der eine hinwagt, folgt der Andre.

LICHT. Und was hat das Gesicht euch so verrenkt?

ADAM. Mir das Gesicht?

LICHT. Wie? Davon wißt ihr nichts?

ADAM. Ich müßt' ein Lügner sein – wie sieht's denn aus?

LICHT. Wie's aussieht?

ADAM. Ja, Gevatterchen.

LICHT. Abscheulich!

ADAM. Erklärt euch deutlicher.

LICHT. Geschunden ist's, ein Gräul zu sehn. Ein Stück fehlt von der Wange, wie groß? Nicht ohne Waage kann ich's schätzen.

ADAM. Den Teufel auch!

LICHT. (bringt einen Spiegel). Hier! Ueberzeugt Euch selbst! Ein Schaaf, das, eingehetzt von Hunden, sich durch Dornen drängt, läßt nicht mehr Wolle sitzen, als ihr, Gott weiß wo? Fleisch habt sitzen lassen.

ADAM. Hm! Ja! S' ist wahr. Unlieblich sieht es aus. Die Nas' hat auch gelitten.

LICHT. Und das Auge.

ADAM. Das Auge nicht, Gevatter.

LICHT. Ei, hier liegt Querfeld ein Schlag, blutrünstig, straf mich Gott, als hätt' ein Großknecht wüthend ihn geführt.

ADAM. Das ist der Augenknochen. – Ja, nun seht, das Alles hatt' ich nicht einmal gespürt.

LICHT. Ja, ja! So geht's im Feuer des Gefechts.

ADAM. Gefecht! Was! – Mit dem verfluchten Ziegenbock, Am Ofen focht' ich, wenn ihr wollt. Jetzt weiß' ich's. Da ich das Gleichgewicht verlier, und gleichsam Ertrunken in den Lüften um mich greife, fass' ich die Hosen, die ich gestern Abend durchnäßt an das Gestell des Ofens hing. Nun fass ich sie, versteht ihr, denke mich, ich Thor, daran zu halten, und nun reißt der Bund; Bund jetzt und Hos' und ich, wir stürzen, und Häuptlings mit dem Stirnblatt schmettr' ich auf den Ofen hin, just wo ein Ziegenbock die Nase an der Ecke vorgestreckt.

LICHT (lacht). Gut, gut.

ADAM. Verdammt!

LICHT. Der erste Adamsfall, den Ihr aus einem Bett hinaus gethan.

ADAM. Mein Seel! – Doch, was ich sagen wollte, was giebts Neues?

LICHT. Ja, was es Neues giebt! Der Henker hol's, hätt' ich's doch bald vergessen.

ADAM. Nun?

LICHT. Macht euch bereit auf unerwarteten Besuch aus Utrecht.

ADAM. So?

LICHT. Der Herr Gerichtsrath kömmt.

ADAM. Wer kömmt?

LICHT. Der Herr Gerichtsrath Walter kömmt, aus Utrecht. Er ist in Revisions-Bereisung auf den Aemtern, und heut noch trifft er bei uns ein.

ADAM. Noch heut! Seid ihr bei Trost?

LICHT. So wahr ich lebe. Er war in Holla, auf dem Grenzdorf, gestern, hat das Justizamt dort schon revidirt. Ein Bauer sah zur Fahrt nach Huisum schon die Vorspannpferde vor den Wagen schirren.

ADAM. Heut noch, er, der Gerichtsrath, her, aus Utrecht! Zur Revision, der wackre Mann, der selbst sein Schäfchen schiert, dergleichen Fratzen haßt. Nach Huisum kommen, und uns cujoniren!

LICHT. Kam er bis Holla, kommt er auch bis Huisum. Nehmt Euch in Acht.

ADAM. Ach geht!

LICHT. Ich sag' es euch.

ADAM. Geht mir mit Eurem Mährchen, sag' ich euch.

LICHT. Der Bauer hat ihn selbst gesehn, zum Henker.

ADAM. Wer weiß, wen der triefäugige Schuft gesehn. Die Kerle unterscheiden ein Gesicht von einem Hinterkopf nicht, wenn er kahl ist. Setzt einen Huth dreieckig auf mein Rohr, hängt ihm den Mantel um, zwei Stiefeln drunter, so hält so'n Schubjak ihn für wen ihr wollt.

LICHT. Wohlan so zweifelt fort, ins Teufels Namen, bis er zur Thür hier eintritt.

ADAM. Er, eintreten! – Ohn' uns ein Wort vorher gesteckt zu haben.

LICHT. Der Unverstand! Als ob's der vorige Revisor noch, der Rath Wacholder, wäre! Es ist Rath Walter jetzt, der revidirt.

ADAM. Wenn gleich Rat Walter! Geht, laßt mich zufrieden. Der Mann hat seinen Amtseid ja geschworen, und praktisirt, wie wir, nach den Bestehenden Edikten und Gebräuchen.

LICHT. Nun ich versichr' euch, der Gerichtsrath Walter erschien in Holla unvermuthet gestern, Vis'tierte Kassen und Registraturen, und suspendirte Richter dort und Schreiber, warum? ich weiß nicht, ab officio.

ADAM. Den Teufel auch? Hat das der Bauer gesagt?

LICHT. Dies und noch mehr –

ADAM. So?

LICHT. Wenn ihr's wissen wollt. Denn in der Frühe heut sucht man den Richter, dem man in seinem Haus' Arrest gegeben, und findet hinten in der Scheuer ihn am Sparren hoch des Daches aufgehangen.

ADAM. Was sagt ihr?

LICHT. Hülf inzwischen kommt herbei, man lös't ihn ab, man reibt ihn, und begießt ihn, ins nackte Leben bringt man ihn zurück.

ADAM. So? Bringt man ihn?

LICHT. Doch jetzo wird versiegelt, In seinem Haus, vereidet und verschlossen, es ist, als wär er eine Leiche schon, und auch sein Richteramt ist schon beerbt.

ADAM. Ei, Henker, seht! – Ein liederlicher Hund war's – Sonst eine ehrliche Haut, so wahr ich lebe, Ein Kerl, mit dem sich's gut zusammen war; Doch grausam liederlich, das muß ich sagen. Wenn der Gerichtsrath heut in Holla war, so ging's ihm schlecht, dem armen Kauz, das glaub' ich.

LICHT. Und dieser Vorfall einzig, sprach der Bauer, sei Schuld, daß der Gerichtsrath noch nicht hier; Zu Mittag treff' er doch ohnfehlbar ein.

ADAM. Zu Mittag! Gut, Gevatter! Jetzt gilt's Freundschaft. Ihr wißt, wie sich zwei Hände waschen können. Ihr wollt auch gern, ich weiß, Dorfrichter werden, und ihr verdient's, bei Gott, so gut wie einer. Doch heut ist noch nicht die Gelegenheit, heut laßt ihr noch den Kelch vorübergehn.

LICHT. Dorfrichter, ich! Was denkt ihr auch von mir?

ADAM. Ihr seit ein Freund von wohlgesetzter Rede, und euren Cicero habt Ihr studirt trotz einem auf der Schul' in Amsterdam. Drückt Euren Ehrgeiz heut hinunter, hört' ihr? Es werden wohl sich Fälle noch ergeben, Wo ihr mit eurer Kunst Euch zeigen könnt.

LICHT. Wir zwei Gevatterleute! Geht mir fort.

ADAM. Zu seiner Zeit, Ihr wißt's, schwieg auch der große Demosthenes. Folgt hierin seinem Muster. Und bin ich König nicht von Macedonien, kann ich auf meine Art doch dankbar sein.

LICHT. Geht mir mit eurem Argwohn, sag' ich euch. Hab ich jemals –?

ADAM. Seht, ich, ich, für mein Theil, dem großen Griechen folg' ich auch. Es ließe von Depositionen sich und Zinsen zuletzt auch eine Rede ausarbeiten: Wer wollte solche Perioden drehn?

LICHT. Nun, also!

ADAM. Von solchem Vorwurf bin ich rein, der Henker hol's! Und alles, was es gilt, ein Schwank ist's etwa, der zur Nacht geboren, des Tags vorwitz'gen Lichtstrahl scheut.

LICHT. Ich weiß.

ADAM. Mein Seel! Es ist kein Grund, warum ein Richter, wenn er nicht auf dem Richtstuhl sitzt, soll gravitätisch, wie ein Eisbär, sein.

LICHT. Das sag ich auch.

ADAM. Nun denn, so kommt Gevatter, folgt mir ein wenig zur Registratur; Die Aktenstöße setz' ich auf, denn die, die liegen wie der Thurm zu Babylon.

Zweiter Auftritt

Ein BEDIENTER (tritt auf). Die VORIGEN. – Nachher: Zwei MÄGDE.

DER BEDIENTE. Gott helf, Herr Richter! Der Gerichtsrath Walter läßt seinen Gruß vermelden, gleich wird er hier sein.

ADAM. Ei, du gerechter Himmel! Ist er mit Holla Schon fertig?

DER BEDIENTE. Ja, er ist in Huisum schon.

ADAM. He! Liese! Grete!

LICHT. Ruhig, ruhig jetzt.

ADAM. Gevatterchen!

LICHT. Laßt euern Dank vermelden.

DER BEDIENTE. Und morgen reisen wir nach Hussahe.

ADAM. Was thu ich jetzt? Was laß ich? (Er greift nach seinen Kleidern.) ERSTE MAGD (tritt auf.) Hier bin ich, Herr.

LICHT. Wollt ihr die Hosen anziehn? Seid ihr toll?

ZWEITE MAGD (tritt auf.) Hier bin ich, Herr Dorfrichter.

LICHT. Nehmt den Rock.

ADAM (sieht sich um). Wer? Der Gerichtsrath?

LICHT. Ach, die Magd ist es.

ADAM. Die Bäffchen! Mantel! Kragen!

ERSTE MAGD. Erst die Weste!

ADAM. Was? – Rock aus! Hurtig!

LICHT (zum Bedienten). Der Herr Gerichtsrath werden hier sehr willkommen sein. Wir sind sogleich Bereit ihn zu empfangen. Sagt ihm das.

ADAM. Den Teufel auch! Der Richter Adam läßt sich Entschuldigen.

LICHT. Entschuldigen!

ADAM. Entschuld'gen. Ist er schon unterwegs etwa?

DER BEDIENTE. Er ist Im Wirthshaus noch. Er hat den Schmidt bestellt; Der Wagen ging entzwei.

ADAM. Gut. Mein Empfehl. Der Schmidt ist faul. Ich ließe mich entschuld'gen. Ich hätte Hals und Beine fast gebrochen, schaut selbst, s' ist ein Spektakel, wie ich aussehe; Und jeder Schreck purgiert mich von Natur. Ich wäre krank.

LICHT. Seid Ihr bei Sinnen? – Der Herr Gerichtsrath wär sehr angenehm. – Wollt ihr?

ADAM. Zum Henker!

LICHT. Was?

ADAM. Der Teufel soll mich holen, ist's nicht so gut, als hätt' ich schon ein Pulver!

LICHT. Das fehlt noch, daß ihr auf den Weg ihm leuchtet.

ADAM. Margarethe! he! Der Sack voll Knochen! Liese!

DIE BEIDEN MÄGDE. Hier sind wir ja. Was wollt ihr?

ADAM. Fort! sag ich. Kuhkäse, Schinken, Butter, Würste, Flaschen, aus der Registratur geschafft! Und flink! – Du nicht. Die Andere. – Maulaffe! Du, ja! – Gott's Blitz, Margarethe! Liese soll, die Kuhmagd, In die Registratur! (Die erste Magd geht ab.)

DIE ZWEITE MAGD. Sprecht, soll man euch verstehn!

ADAM. Halt's Maul jetzt, sag' ich –! Fort! schaff mir die Perücke! Marsch! Aus dem Bücherschrank! Geschwind! Pack dich! (Die zweite Magd ab.)

LICHT (zum Bedienten.) Es ist dem Herrn Gerichtsrath, will ich hoffen, nichts Böses auf der Reise zugestoßen?

DER BEDIENTE. Je, nun! Wir sind im Hohlweg umgeworfen.

ADAM. Pest! Mein geschundner Fuß! Ich krieg' die Stie –

LICHT. Ei, du mein Himmel! Umgeworfen, sagt ihr? Doch keinen Schaden weiter –?

DER BEDIENTE. Nichts von Bedeutung. Der Herr verstauchte sich die Hand ein wenig. Die Deichsel brach.

ADAM. Daß er den Hals gebrochen!

LICHT. Die Hand verstaucht! Ei, Herr Gott! Kam der Schmidt schon?

DER BEDIENTE. Ja, für die Deichsel.

LICHT. Was?

ADAM. Ihr meint, der Doctor.

LICHT. Was?

DER BEDIENTE. Für die Deichsel?

ADAM. Ach, was! Für die Hand.

DER BEDIENTE. Adies, ihr Herrn. – Ich glaub', die Kerls sind toll. (ab.)

LICHT. Den Schmidt meint' ich.

ADAM. Ihr gebt Euch bloß, Gevatter.

LICHT. Wie so?

ADAM. Ihr seid verlegen.

LICHT. Was!

DIE ERSTE MAGD (tritt auf.)

ADAM. He! Liese! Was hast du da?

ERSTE MAGD. Braunschweiger Wurst, Herr Richter.

ADAM. Das sind Pupillenacten.

LICHT. Ich, verlegen!

ADAM. Die kommen wieder zur Registratur.

ERSTE MAGD. Die Würste?

ADAM. Würste! Was! Der Einschlag hier.

LICHT. Es war ein Mißverständniß.

DIE ZWEITE MAGD (tritt auf). Im Bücherschrank, Herr Richter, find ich die Perücke nicht.

ADAM. Warum nicht?

ZWEITE MAGD. Hm! Weil ihr –

ADAM. Nun?

ZWEITE MAGD. Gestern Abend – Glock eilf –

ADAM. Nun? Werd ich's hören?

ZWEITE MAGD. Ei, ihr kamt ja, besinnt euch, ohne die Perück' ins Haus.

ADAM. Ich, ohne die Perücke?

ZWEITE MAGD. In der That. Da ist die Liese, die's bezeugen kann. Und Eure andr' ist beim Perückenmacher.

ADAM. Ich wär –?

ERSTE MAGD Ja, meiner Treu, Herr Richter Adam! Kahlköpfig wart ihr, als ihr wiederkamt; Ihr spracht, ihr wärt gefallen, wißt ihr nicht? Das Blut mußt ich Euch noch vom Kopfe waschen.

ADAM. Die Unverschämte!

ERSTE MAGD. Ich will nicht ehrlich sein.

ADAM. Halt's Maul, sag' ich, es ist kein wahres Wort.

LICHT. Habt Ihr die Wund' seit gestern schon?

ADAM. Nein, heut. Die Wunde heut und gestern die Perücke. Ich trug sie weiß gepudert auf dem Kopfe, und nahm sie mit dem Huth, auf Ehre, bloß, als ich ins Haus trat, aus Versehen ab. Was die gewaschen hat, das weiß ich nicht. – Scheer dich zum Satan, wo du hingehörst! In die Registratur! (Erste Magd ab). Geh, Margarethe! Gevatter Küster soll mir seine borgen; In meine hätt' die Katze heute Morgen gejungt, das Schwein! Sie läge eingesäuet mir unterm Bette da, ich weiß nun schon.

LICHT. Die Katze? Was? Seid ihr –?

ADAM. So wahr ich lebe. Fünf Junge, gelb und schwarz, und eins ist weiß. Die schwarzen will ich in der Vecht ersäufen. Was soll man machen? Wollt ihr eine haben?

LICHT. In die Perücke?

ADAM. Der Teufel soll mich holen! Ich hatte die Perücke aufgehängt, auf einen Stuhl, da ich zu Bette ging, den Stuhl berühr' ich in der Nacht, sie fällt –

LICHT. Drauf nimmt die Katze sie ins Maul –

ADAM. Mein Seel –

LICHT. Und trägt sie unter's Bett und jungt darin.

ADAM. In's Maul? Nein –

LICHT. Nicht? Wie sonst?

ADAM. Die Katz'? Ach, was!

LICHT. Nicht? Oder ihr vielleicht?

ADAM. In's Maul! Ich glaube –! Ich stieß sie mit dem Fuße heut hinunter, als ich es sah.

LICHT. Gut, gut.

ADAM. Canaillen die! Die balzen sich und jungen, wo ein Platz ist.

ZWEITE MAGD. (kichernd). So soll ich hingehn?

ADAM. Ja, und meinen Gruß an Muhme Schwarzgewand, die Küsterinn. Ich schickt' ihr die Perücke unversehrt noch heut zurück – ihm brauchst du nichts zu sagen. Verstehst du mich?

ZWEITE MAGD. Ich werd' es schon bestellen.

Dritter Auftritt

ADAM und LICHT.

ADAM. Mir ahndet heut nichts Guts, Gevatter Licht.

LICHT. Warum?

ADAM. Es geht bunt alles über Ecke mir. Ist nicht auch heut Gerichtstag?

LICHT. Allerdings. Die Kläger stehen vor der Thüre schon.

ADAM. – Mir träumt', es hätt' ein Kläger mich ergriffen, und schleppte vor den Richtstuhl mich; und ich, ich säße gleichwohl auf dem Richtstuhl dort, und schält' und hunzt' und schlingelte mich herunter, und judicirt' den Hals ins Eisen mir.

LICHT. Wie? Ihr Euch selbst?

ADAM. So wahr ich ehrlich bin. Drauf wurden beide wir zu eins, und flohn, und mußten in den Fichten übernachten.

LICHT. Nun? Und der Traum meint ihr –?

ADAM. Der Teufel hol's. Wenn's auch der Traum nicht ist, ein Schabernack, sei's, wie es woll', ist wider mich im Werk!

LICHT. Die läpp'sche Furcht! Gebt Ihr nur vorschriftsmäßig, wenn der Gerichtsrath gegenwärtig ist, Recht den Partheien auf dem Richterstuhle, damit der Traum vom ausgehunzten Richter auf andre Art nicht in Erfüllung geht.

Vierter Auftritt

Der GERICHTSRATH WALTHER (tritt auf). Die VORIGEN.

WALTER. Gott grüß Euch, Richter Adam.

ADAM. Ei willkommen! Willkommen, gnäd'ger Herr, in userm Huisum! Wer konnte, du gerechter Gott, wer konnte So freudigen Besuches sich gewärt'gen. Kein Traum, der heute früh Glock achte noch Zu solchem Glücke sich versteigen durfte.

WALTER. Ich komm ein wenig schnell, ich weiß; und muß auf dieser Reis', in unsrer Staaten Dienst, zufrieden sein, wenn meine Wirthe mich mit wohlgemeintem Abschiedsgruß entlassen. Inzwischen ich, was meinen Gruß betrifft, ich mein's von Herzen gut, schon wenn ich komme. Das Obertribunal in Utrecht will die Rechtspfleg' auf dem platten Land verbessern, die mangelhaft von mancher Seite scheint, und strenge Weisung hat der Mißbrauch zu erwarten. Doch mein Geschäfft auf dieser Reis' ist noch ein strenges nicht, sehn soll ich bloß, nicht strafen, und find ich gleich nicht alles, wie es soll, ich freue mich, wenn es erträglich ist.

ADAM. Fürwahr, so edle Denkart muß man loben. Ew. Gnaden werden hie und da, nicht zweifl' ich, den alten Brauch im Recht zu tadeln wissen; Und wenn er in den Niederlanden gleich Seit Kaiser Karl dem fünften schon besteht: Was läßt sich in Gedanken nicht erfinden? die Welt, sagt unser Sprichwort, wird stets klüger, und Alles lies't, ich weiß, den Puffendorff; Doch Huisum ist ein kleiner Theil der Welt, auf den nicht mehr, nicht minder, als sein Theil nur Kann von der allgemeinen Klugheit kommen. Klärt die Justiz in Huisum gütigst auf, und überzeugt euch, gnäd'ger Herr, ihr habt Ihr noch so bald den Rücken nicht gekehrt, als sie auch völlig euch befried'gen wird; Doch fändet Ihr sie heut im Amte schon, wie Ihr es wünscht, mein Seel, so wär's ein Wunder, da sie nur dunkel weiß noch, was ihr wollt.

WALTER. Es fehlt an Vorschriften, ganz recht. Vielmehr es sind zu viel, man wird sie sichten müssen.

ADAM. Ja, durch ein großes Sieb. Viel Spreu! Viel Spreu!

WALTER. Das ist dort der Herr Schreiber?

LICHT. Der Schreiber Licht, zu Eurer hohen Gnaden Diensten. Pfingsten neun Jahre, daß ich im Justizamt bin.

ADAM (bringt einen Stuhl). Setzt euch.

WALTER. Laßt sein.

ADAM. Ihr kommt von Holla schon.

WALTER. Zwei kleine Meilen – Woher wißt ihr das?

ADAM. Woher? Ew. Gnaden Diener –

LICHT. Ein Bauer sagt' es, der eben jetzt von Holla eingetroffen.

WALTER. Ein Bauer?

ADAM. Aufzuwarten.

WALTER. – Ja! Es trug sich dort ein unangenehmer Vorfall zu, der mir die heitre Laune störte, die in Geschäften uns begleiten soll. – Ihr werdet davon unterrichtet sein?

ADAM. Wär's wahr, gestrenger Herr? Der Richter Pfaul, weil er Arrest in seinem Haus' empfing, Verzweiflung hätt' den Thoren überrascht, Er hing sich auf?

WALTER. Und machte Uebel ärger. Was nur Unordnung schien, Verworrenheit, nimmt jetzt den Schein an der Veruntreuung, die das Gesetz, ihr wißt's, nicht mehr verschont. – Wie viele Kassen habt ihr?

ADAM. Fünf, zu dienen.

WALTER. Wie, fünf? Ich stand im Wahn – Gefüllte Kassen? Ich stand im Wahn, daß ihr nur vier –

ADAM. Verzeiht! Mit der Rhein-Inundations-Collecten-Kasse?

WALTER. Mit der Inundations-Collecten-Kasse! Doch jetzo ist der Rhein nicht inundirt, und die Collecten gehn mithin nicht ein. – Sagt doch, ihr habt ja wohl Gerichtstag heut?

ADAM. Ob wir –?

WALTER. Was?

LICHT. Ja, den ersten in der Woche.

WALTER. Und jene Schaar von Leuten, die ich draußen auf eurem Flure sah, sind das –?

ADAM. Das werden –

LICHT. Die Kläger sind's, die sich bereits versammeln.

WALTER. Gut. Dieser Umstand ist mir lieb, ihr Herren. Laßt diese Leute, wenn's beliebt, erscheinen. Ich wohne dem Gerichtsgang bei; ich sehe, wie er in Eurem Huisum üblich ist. Wir nehmen die Registratur, die Kassen, nachher, wenn diese Sache abgethan.

ADAM. Wie Ihr befehlt. – Der Büttel! He! Hanfriede!

Fünfter Auftritt

Die ZWEITE MAGD (tritt auf). Die VORIGEN.

ZWEITE MAGD. Gruß von Frau Küsterinn, Herr Richter Adam; So gern sie die Perück' euch auch –

ADAM. Wie? Nicht?

ZWEITE MAGD. Sie sagt, es wäre Morgenpredigt heute; Der Küster hätte selbst die eine auf, und seine andre wäre unbrauchbar, Sie sollte heut zu dem Perückenmacher.

ADAM. Verflucht!

ZWEITE MAGD. Sobald der Küster wieder kömmt, wird sie jedoch sogleich euch seine schicken.

ADAM. Auf meine Ehre, gnäd'ger Herr –

WALTER. Was giebt's?

ADAM. Ein Zufall, ein verwünschter, hat um beide Perücken mich gebracht. Und jetzt bleibt mir die dritte aus, die ich mir leihen wollte: Ich muß kahlköpfig den Gerichtstag halten.

WALTER. Kahlköpfig!

ADAM. Ja, beim ewigen Gott! So sehr ich ohne der Perücke Beistand um mein Richteransehn auch verlegen bin. – Ich müßt' es auf dem Vorwerk noch versuchen, ob mir vielleicht der Pächter –?

WALTER. Auf dem Vorwerk! Kann jemand anders hier im Orte nicht –?

ADAM. Nein, in der That –

WALTER. Der Prediger vielleicht.

ADAM. Der Prediger? Der –

WALTER. Oder Schulmeister.

ADAM. Seit der Sackzehnde abgeschafft, Ew. Gnaden, Wozu ich hier im Amte mitgewirkt, Kann ich auf beider Dienste nicht mehr rechnen.

WALTER. Nun, Herr Dorfrichter? Nun? Und der Gerichtstag? Denkt ihr zu warten, bis die Haar' euch wachsen?

ADAM. Ja, wenn ihr mir erlaubt, schick' ich auf's Vorwerk.

WALTER. – Wie weit ist's auf das Vorwerk?

ADAM. Ei! Ein kleines Halbstündchen.

WALTER. Eine halbe Stunde, was! Und Eurer Sitzung Stunde schlug bereits. Macht fort! Ich muß noch heut nach Hussahe.

ADAM. Macht fort! Ja –

WALTER. Ei, so pudert euch den Kopf ein! Wo Teufel auch, wo ließt ihr die Perücken? – Helft euch so gut ihr könnt. Ich habe Eile.

ADAM. Auch das.

DER BÜTTEL (tritt auf). Hier ist der Büttel!

ADAM. Kann ich inzwischen mit einem guten Frühstück, Wurst aus Braunschweig, ein Gläschen Danziger etwa –

WALTER. Danke sehr.

ADAM. Ohn' Umständ'!

WALTER. Dank', ihr hört's, hab's schon genossen. Geht ihr, und nutzt die Zeit, ich brauche sie, In meinem Büchlein etwas mir zu merken.

ADAM. Nun, wenn Ihr so befehlt – Komm, Margarete!

WALTER. – Ihr seid ja bös' verletzt, Herr Richter Adam. Seid ihr gefallen?

ADAM. – Hab einen wahren Mordschlag heut früh, als ich dem Bett' entstieg, gethan: Seht, gnäd'ger Herr Gerichtsrath, einen Schlag ins Zimmer hin, ich glaubt' es wär' ins Grab.

WALTER. Das thut mir leid. – Es wird doch weiter nicht von Folgen sein?

ADAM. Ich denke nicht. Und auch In meiner Pflicht soll's weiter mich nicht stören. – Erlaubt!

WALTER. Geht, geht!

ADAM (zum Büttel). Die Kläger rufst du – Marsch!

(Adam, die Magd und der Büttel ab.)

Sechster Auftritt

FRAU MARTHE, EVE, VEIT und RUPRECHT (treten auf). –

WALTHER und LICHT (im Hintergrunde).

FRAU MARTHE. Ihr krugzertrümmerndes Gesindel, ihr! Ihr sollt mir büßen, ihr!

VEIT. Sei sie nur ruhig, Frau Marth'! Es wird sich alles hier entscheiden.

FRAU MARTHE. O ja. Entscheiden. Seht doch. Den Klugschwätzer. Den Krug mir, den zerbrochenen, entscheiden. Wer wird mir den geschied'nen Krug entscheiden? Hier wird entschieden werden, daß geschieden der Krug mir bleiben soll. Für so'n Schiedsurtheil geb' ich noch die geschied'nen Scherben nicht.

VEIT. Wenn sie sich Recht erstreiten kann, sie hört's, Ersetz' ich ihn.

FRAU MARTHE. Er mir den Krug ersetzen. Wenn ich mir Recht erstreiten kann, ersetzen. Setz' er den Krug mal hin, versuch' er's mal, setz' er'n mal hin auf das Gesims! Ersetzen! Den Krug, der kein Gebein zum Stehen hat, zum Liegen oder Sitzen hat, ersetzen!

VEIT. Sie hört's! Was geifert sie? Kann man mehr thun? Wenn einer ihr von uns den Krug zerbrochen, soll sie entschädigt werden.

FRAU MARTHE. Ich entschädigt! Als ob ein Stück von meinem Hornvieh spräche. Meint er, daß die Justiz ein Töpfer ist? Und kämen die Hochmögenden und bänden die Schürze vor, und trügen ihn zum Ofen, die könnten sonst was in den Krug mir thun, als ihn entschädigen. Entschädigen!

RUPRECHT. Laß er sie, Vater. Folg' er mir. Der Drache! S' ist der zerbrochne Krug nicht, der sie wurmt, die Hochzeit ist es, die ein Loch bekommen, und mit Gewalt hier denkt sie sie zu flicken. Ich aber setze noch den Fuß eins drauf: Verflucht bin ich, wenn ich die Metze nehme.

FRAU MARTHE. Der eitle Flaps! Die Hochzeit ich hier flicken! Die Hochzeit, nicht des Flickdrahts, unzerbrochen nicht einen von des Kruges Scherben werth. Und stünd' die Hochzeit blankgescheuert vor mir, wie noch der Krug auf dem Gesimse gestern, so faßt' ich sie beim Griff jetzt mit den Händen, und schlüg' sie gellend ihm am Kopf entzwei, nicht aber hier die Scherben möcht' ich flicken! Sie flicken!

EVE. Ruprecht!

RUPRECHT. Fort du –!

EVE. Liebster Ruprecht!

RUPRECHT. Mir aus den Augen!

EVE. Ich beschwöre dich.

RUPRECHT. Die Lüderliche –! Ich mag nicht sagen, was.

EVE. Laß mich ein einz'ges Wort dir heimlich –

RUPRECHT. Nichts!

EVE. – Du gehst zum Regimente jetzt, o Ruprecht, Wer weiß, wenn du erst die Muskete trägst, ob ich dich je im Leben wieder sehe. Krieg ist's, bedenke, Krieg, in den du ziehst: Willst du mit solchem Grolle von mir scheiden?

RUPRECHT. Groll? Nein, bewahr' mich Gott, das will ich nicht. Gott schenk' dir so viel Wohlergehn, als er erübrigen kann. Doch kehrt ich aus dem Kriege gesund, mit erzgegoßnem Leib zurück, und würd' in Huisum achtzig Jahre alt, so sagt ich noch im Tode zu dir: Metze! Du willst's ja selber vor Gericht beschwören.

FRAU MARTHE. (zu Eve). Hinweg! Was sagt' ich dir? Willst du dich noch beschimpfen lassen? Der Herr Corporal ist was für dich, der würd'ge Holzgebein, der seinen Stock im Militair geführt, und nicht dort der Maulaffe, der dem Stock Jetzt seinen Rücken bieten wird. Heut ist Verlobung, Hochzeit, wäre Taufe heute, es wär' mir recht, und mein Begräbniß leid' ich, wenn ich dem Hochmuth erst den Kamm zertreten, der mir bis an die Krüge schwillet.

EVE. Mutter! Laßt doch den Krug! Laßt mich doch in der Stadt versuchen, ob ein geschickter Handwerksmann die Scherben, nicht wieder euch zur Lust zusammenfügt. Und wär's um ihn geschehn, nehmt meine ganze Sparbüchse hin, und kauft euch einen neuen. Wer wollte doch um einen irdnen Krug, und stammt er von Herodes Zeiten her, solch einen Aufruhr, so viel Unheil stiften.

FRAU MARTHE. Du sprichst, wie du's verstehst. Willst du etwa die Fiedel tragen, Evchen, in der Kirche am nächsten Sonntag reuig Buße thun? Dein guter Name lag in diesem Topfe, und vor der Welt mit ihm ward er zerstoßen, wenn auch vor Gott nicht, und vor mir und dir. Der Richter ist mein Handwerksmann, der Schergen, der Block ist's, Peitschenhiebe, die es braucht, und auf den Scheiterhaufen das Gesindel, wenn's unsre Ehre weiß zu brennen gilt, und diesen Krug hier wieder zu glasiren.

Siebenter Auftritt

ADAM (im Ornat, doch ohne Perücke, tritt auf).

Die VORIGEN

ADAM (für sich). Ei, Evchen. Sieh! Und der vierschröt'ge Schlingel, der Ruprecht! Ei, was Teufel, sieh! die ganze Sippschaft! – Die werden mich doch nicht bei mir verklagen?

EVE. O liebste Mutter, folgt mir, ich beschwör' euch, laßt diesem Unglückszimmer uns entfliehen!

ADAM. Gevatter! Sagt mir doch, was bringen die?

LICHT. Was weiß ich? Lärm um nichts; Lappalien. Es ist ein Krug zerbrochen worden, hör' ich.

ADAM. Ein Krug! So! Ei! – Ei, wer zerbrach den Krug?

LICHT. Wer ihn zerbrochen?

ADAM. Ja, Gevatterchen.

LICHT. Mein Seel, setzt euch: so werdet ihr's erfahren.

ADAM (heimlich). Evchen!

EVE. (gleichfalls). Geh er.

ADAM. Ein Wort.

EVE. Ich will nichts wissen.

ADAM. Was bringt ihr mir?

EVE. Ich sag' ihm, er soll gehn.

ADAM. Evchen! Ich bitte dich! Was soll mir das bedeuten?

EVE. Wenn Er nicht gleich –! Ich sag's ihm, laß er mich.

ADAM (zu Licht). Gevatter, hört, mein Seel, ich halt's nicht aus. Die Wund' am Schienbein macht mir Uebelkeiten; Führt ihr die Sach', ich will zu Bette gehn.

LICHT. Zu Bett –? Ihr wollt –? Ich glaub', ihr seid verrückt.

ADAM. Der Henker hol's. Ich muß mich übergeben.

LICHT. Ich glaub, ihr ras't, im Ernst. Soeben kommt ihr –? – Meinethalben. Sagt's dem Herrn Gerichtsrath dort. Vielleicht erlaubt er's. – Ich weiß nicht, was euch fehlt?

ADAM (wieder zu Even). Evchen! Ich flehe dich! Um alle Wunden! Was ist's, das ihr mir bringt?

EVE. Er wird's schon hören.

ADAM. Ist's nur der Krug dort, den die Mutter hält, den ich so viel –?

EVE. Ja, der zerbrochne Krug nur.

ADAM. Und weiter nichts?

EVE. Nichts weiter.

ADAM. Nichts? Gewiß nichts?

EVE. Ich sag' ihm, geh er. Laß er mich zufrieden.

ADAM. Hör du, bei Gott, sei klug, ich rath' es dir.

EVE. Er, Unverschämter!

ADAM. In dem Attest steht der Nahme jetzt, Fracturschrift, Ruprecht Tümpel. Hier trag' ich's fix und fertig in der Tasche; Hörst du es knackern, Evchen? Sieh, das kannst du, auf meine Ehr', heut übers Jahr dir holen, Dir Trauerschürz' und Mieder zuzuschneiden, wenn's heißt: der Ruprecht in Batavia krepirt' – ich weiß, an welchem Fieber nicht, war's gelb, war's scharlach, oder war es faul.

WALTER. Sprecht nicht mit den Parthei'n, Herr Richter Adam, vor der Session! Hier setzt euch, und befragt sie.

ADAM. Was sagt er? – Was befehlen Ew. Gnaden?

WALTER. Was ich befehl'? – Ich sagte deutlich euch, daß ihr nicht heimlich vor der Sitzung sollt mit den Parthein zweideut'ge Sprache führen. Hier ist der Platz, der eurem Amt gebührt, und öffentlich Verhör, was ich erwarte.

ADAM (für sich). Verflucht! Ich kann mich nicht dazu entschließen –! – Es klirrte etwas, da ich Abschied nahm –

LICHT (ihn aufschreckend). Herr Richter! Seid ihr –!

ADAM. Ich? Auf Ehre nicht! Ich hatte sie behutsam drauf gehängt, und müßt' ein Ochs gewesen sein –

LICHT. Was?

ADAM. Was?

LICHT. Ich fragte –?

ADAM. Ihr fragtet, ob ich –?

LICHT. Ob ihr taub seid, fragt' ich. Dort Sr. Gnaden haben euch gerufen.

ADAM. Ich glaubte –? Wer ruft?

LICHT. Der Herr Gerichtsrath dort.

ADAM (für sich). Ei! Hols der Henker auch! Zwei Fälle giebt's, mein Seel, nicht mehr, und wenn's nicht biegt, so bricht's. – Gleich! Gleich! Gleich! Was befehlen Ew. Gnaden? Soll jetzt die Procedur beginnen?

WALTER. Ihr seid ja sonderbar zerstreut. Was fehlt euch?

ADAM. – Auf Ehr'! Verzeiht. Es hat ein Perlhuhn mir, das ich von einem Indienfahrer kaufte, den Pips: ich soll es nudeln, und versteh's nicht, und fragte dort die Jungfer bloß um Rath. Ich bin ein Narr in solchen Dingen, seht, und meine Hühner nenn' ich meine Kinder.

WALTER. Hier. Setzt euch. Ruft den Kläger und vernehmt ihn. Und Ihr, Herr Schreiber, führt das Protokoll.

ADAM. Befehlen Ew. Gnaden den Proceß nach den Formalitäten, oder so, wie er in Huisum üblich ist, zu halten?

WALTER. Nach den gesetzlichen Formalitäten, wie er in Huisum üblich ist, nicht anders.

ADAM. Gut, gut. Ich werd' euch zu bedienen wissen. Seid Ihr bereit, Herr Schreiber?

LICHT. Zu euren Diensten.

ADAM. – So nimm, Gerechtigkeit, denn deinen Lauf! Klägere trete vor.

FRAU MARTHE. Hier, Herr Dorfrichter!

ADAM. Wer seyd ihr?

FRAU MARTHE. Wer –?

ADAM. Ihr.

FRAU MARTHE. Wer ich –?

ADAM. Wer ihr seid! Wes Namens, Standes, Wohnorts, und so weiter.

FRAU MARTHE. Ich glaub, er spaßt, Herr Richter.

ADAM. Spaßen, was! Ich sitz' im Namen der Justiz, Frau Marthe, und die Justiz muß wissen, wer ihr seid.

LICHT (halb laut). Laßt doch die sonderbare Frag' –

FRAU MARTHE. Ihr guckt mir alle Sonntag in die Fenster ja, wenn Ihr auf's Vorwerk geht!

WALTER. Kennt ihr die Frau?

ADAM. Sie wohnt hier um die Ecke, Ew. Gnaden, wenn man den Fußsteig durch die Hecken geht; Wittw' eines Kastellans, Hebamme jetzt, sonst eine ehrliche Frau, von gutem Rufe.

WALTER. Wenn ihr so unterrichtet seid, Herr Richter, so sind dergleichen Fragen überflüßig. Setzt ihren Namen in das Protokoll, und schreibt dabei: dem Amte wohlbekannt.

ADAM. Auch das. Ihr seid nicht für Formalitäten. Thut so, wie Sr. Gnaden anbefohlen.

WALTER. Fragt nach dem Gegenstand der Klage jetzt.

ADAM. Jetzt soll ich –?

WALTER. Ja, den Gegenstand ermitteln!

ADAM. Das ist gleichfalls ein Krug, verzeiht.

WALTER. Wie? Gleichfalls!

ADAM. Ein Krug. Ein bloßer Krug. Setzt einen Krug, und schreibt dabei: dem Amte wohlbekannt.

LICHT. Auf meine hingeworfene Vermuthung wollt Ihr, Herr Richter –?

ADAM. Mein Seel, wenn ich's euch sage, so schreibt ihrs hin. Ist's nicht ein Krug, Frau Marthe?

FRAU MARTHE. Ja, hier der Krug –

ADAM. Da habt ihr's.

FRAU MARTHE. Der zerbrochne –

ADAM. Pedantische Bedenklichkeit.

LICHT. Ich bitt' euch –

ADAM. Und wer zerbrach den Krug? Gewiß der Schlingel –?

FRAU MARTHE. Ja, er, der Schlingel dort –

ADAM (für sich). Mehr brauch ich nicht.

RUPRECHT. Das ist nicht wahr, Herr Richter.

ADAM (für sich). Auf, aufgelebt, du alter Adam!

RUPRECHT. Das lügt sie in den Hals hinein –

ADAM. Schweig, Maulaffe! Du steckst den Hals noch früh genug in's Eisen. – Setzt einen Krug, Herr Schreiber, wie gesagt, zusammt dem Namen dess', der ihn zerschlagen. Jetzt wird die Sache gleich ermittelt sein.

WALTER. Herr Richter! Ei! Welch' ein gewaltsames Verfahren.

ADAM. Wie so?

LICHT. Wollt Ihr nicht förmlich –?

ADAM. Nein! sag' ich; Ihr Gnaden lieben Förmlichkeiten nicht.

WALTER. Wenn Ihr die Instruction, Herr Richter Adam, nicht des Prozesses einzuleiten wißt, ist hier der Ort jetzt nicht, es euch zu lehren. Wenn Ihr Recht anders nicht, als so, könnt geben, so tretet ab: vielleicht kann's euer Schreiber.

ADAM. Erlaubt! Ich gab's, wie's hier in Huisum üblich; Ew. Gnaden haben's also mir befohlen.

WALTER. Ich hätt' –?

ADAM. Auf meine Ehre!

WALTER. Ich befahl euch, Recht hier nach den Gesetzen zu ertheilen; Und hier in Huisum glaubt' ich die Gesetze, wie anderswo in den vereinten Staaten.

ADAM. Da muß submiß ich um Verzeihung bitten! Wir haben hier, mit Ew. Erlaubniß, Statuten, eigenthümliche, in Huisum, nicht aufgeschriebene, muß ich gestehn, doch durch Bewährte Tradition uns überliefert. Von dieser Form, getrau ich mir zu hoffen, Bin ich noch heut kein Jota abgewichen. Doch auch in eurer andern Form bin ich, wie sie im Reich mag üblich sein, zu Hause. Verlangt Ihr den Beweis? Wohlan, befehlt! Ich kann Recht so jetzt, jetzo so ertheilen.

WALTER. Ihr gebt mir schlechte Meinungen, Herr Richter. Es sei. Ihr fangt von vorn die Sache an. –

ADAM. Auf Ehr'! Gebt Acht, ihr sollt zufrieden sein. – Frau Marthe Rull! Bringt eure Klage vor.

FRAU MARTHE. Ich klag', Ihr wißt's, hier wegen dieses Krugs; Jedoch vergönnt, daß ich, bevor ich melde, was diesem Krug geschehen, auch beschreibe was er vorher mir war.

ADAM. Das Reden ist an euch.

FRAU MARTHE. Seht ihr den Krug, ihr werthgeschätzten Herren? Seht ihr den Krug?

ADAM. O ja, wir sehen ihn.

FRAU MARTHE. Nichts seht ihr, mit Verlaub, die Scherben seht ihr; Der Krüge schönster ist entzwei geschlagen. Hier grade auf dem Loch, wo jetzo nichts, Sind die gesammten niederländischen Provinzen dem span'schen Philipp übergeben worden. Hier im Ornat stand Kaiser Carl der fünfte: Von dem seht ihr nur noch die Beine stehn. Hier kniete Philipp, und empfing die Krone: Der liegt im Topf, bis auf den Hintertheil, und auch noch der hat einen Stoß empfangen. Dort wischten seine beiden Muhmen sich, der Franzen und der Ungarn Königinnen, Gerührt die Augen aus; wenn man die eine die Hand noch mit dem Tuch empor sieht heben, so ist's, als weinete sie über sich. Hier im Gefolge stützt sich Philibert, für den den Stoß der Kaiser aufgefangen, noch auf das Schwerdt; doch jetzo müßt' er fallen, so gut wie Maximilian: der Schlingel! Die Schwerdter unten jetzt sind weggeschlagen. Hier in der Mitte, mit der heil'gen Mütze, Sah man den Erzbischof von Arras stehn; Den hat der Teufel ganz und gar geholt, sein Schatten nur fällt lang noch übers Pflaster. Hier standen rings, im Grunde, Leibtrabanten, mit Hellebarden, dicht gedrängt, und Spießen, hier Häuser, seht, vom großen Markt zu Brüssel, hier guckt noch ein Neugier'ger aus dem Fenster: Doch was er jetzo sieht, das weiß ich nicht.

ADAM. Frau Marth! Erlaßt uns das zerscherbte Paktum, wenn es zur Sache nicht gehört. Uns geht das Loch – nichts die Provinzen an, die darauf übergeben worden sind.

FRAU MARTHE. Erlaubt! Wie schön der Krug, gehört zur Sache! – Den Krug erbeutete sich Childerich, der Kesselflicker, als Oranien Briel mit den Wassergeusen überrumpelte. Ihn hatt' ein Spanier, gefüllt mit Wein, just an den Mund gesetzt, als Childerich den Spanier von hinten niederwarf, den Krug ergriff, ihn leert', und weiter ging.

ADAM. Ein würd'ger Wassergeuse.

FRAU MARTHE. Hierauf vererbte der Krug auf Fürchtegott, den Todtengräber; Der trank zu dreimal nur, der Nüchterne, und stets vermischt mit Wasser aus dem Krug. Das erstemal, als er im Sechzigsten ein junges Weib sich nahm; drei Jahre drauf, als sie noch glücklich ihn zum Vater machte; Und als sie jetzt noch funfzehn Kinder zeugte, trank er zum drittenmale, als sie starb.

ADAM. Gut. Das ist auch nicht übel.

FRAU MARTHE. Drauf fiel der Krug an den Zachäus, Schneider in Tirlemont, der meinem seel'gen Mann, was ich euch jetzt Berichten will, mit eignem Mund erzählt. Der warf, als die Franzosen plünderten, den Krug, samt allem Hausrath, aus dem Fenster, Sprang selbst, und brach den Hals, der Ungeschickte, und dieser irdne Krug, der Krug von Thon, auf's Bein kam er zu stehen, und blieb ganz.

ADAM. Zur Sache, wenn's beliebt, Frau Marthe Rull! Zur Sache!

FRAU MARTHE. Drauf in der Feuersbrunst von Sechs und sechzig, da hatt' ihn schon mein Mann, Gott hab' ihn selig –

ADAM. Zum Teufel! Weib! So seid ihr noch nicht fertig?

FRAU MARTHE. – Wenn ich nicht reden soll, Herr Richter Adam, so bin ich unnütz hier, so will ich gehn, und ein Gericht mir suchen, das mich hört.

WALTER. Ihr sollt hier reden: doch von Dingen nicht, die eurer Klage fremd. Wenn ihr uns sagt, daß jener Krug euch werth, so wissen wir So viel, als wir zum Richten hier gebrauchen.

FRAU MARTHE. Wie viel ihr brauchen möget, hier zu richten, das weiß ich nicht, und untersuch' es nicht; Das aber weiß ich, daß ich, um zu klagen, muß vor euch sagen dürfen, über was.

WALTER. Gut denn. Zum Schluß jetzt. Was geschah dem Krug? Was? – Was geschah dem Krug im Feuer von Anno sechs und sechzig? Wird man's hören? Was ist dem Krug geschehn?

FRAU MARTHE. Was ihm geschehen? Nichts ist dem Krug, ich bitt' euch sehr, ihr Herren, nichts Anno sechs und sechzig ihm geschehen. Ganz blieb der Krug, ganz in der Flammen Mitte, und aus des Hauses Asche zog ich ihn hervor, glasirt, am andern Morgen, glänzend, als käm' er eben aus dem Töpferofen.

WALTER. Nun gut. Nun kennen wir den Krug. Nun wissen wir alles, was dem Krug geschehn, was nicht. Was giebt's jetzt weiter?

FRAU MARTHE. Nun diesen Krug jetzt, seht – den Krug, zertrümmert einen Krug noch werth, den Krug für eines Fräuleins Mund, die Lippe selbst, nicht der Frau Erbstatthalterin zu schlecht, den Krug, ihr hohen Herren Richter beide, den Krug hat jener Schlingel mir zerbrochen.

ADAM. Wer?

FRAU MARTHE. Er, der Ruprecht dort.

RUPRECHT. Das ist gelogen, Herr Richter.

ADAM. Schweig' er, bis man ihn fragen wird. Auch heut an ihn noch wird die Reihe kommen. – Habt ihr's im Protocoll bemerkt?

LICHT. O ja.

ADAM. Erzählt den Hergang, würdige Frau Marthe.

FRAU MARTHE. Es war Uhr eilfe gestern –

ADAM. Wann, sagt ihr?

FRAU MARTHE. Uhr eilf.

ADAM. Am Morgen!

FRAU MARTHE. Nein, verzeiht am Abend, und schon die Lamp' im Bette wollt' ich löschen, als laute Männerstimmen, ein Tumult, in meiner Tochter abgelegnen Kammer, als ob der Feind einbräche, mich erschreckt. Geschwind' die Trepp' eil' ich hinab, ich finde die Kammerthür gewaltsam eingesprengt, Schimpfreden schallen wüthend mir entgegen, und da ich mir den Auftritt jetzt beleuchte, was find' ich jetzt, Herr Richter, was jetzt find' ich? Den Krug find' ich zerscherbt im Zimmer liegen, in jedem Winkel liegt ein Stück, das Mädchen ringt die Händ', und er der Flaps dort, der trotzt, wie toll, euch in des Zimmers Mitte.

ADAM. Ei, Wetter!

FRAU MARTHE. Was?

ADAM. Sieh da, Frau Marthe!

FRAU MARTHE. Ja! – Drauf ist's, als ob in so gerechtem Zorn, mir noch zehn Arme wüchsen, jeglichen Fühl' ich mir wie ein Geier ausgerüstet. Ihn stell' ich dort zu Rede, was er hier in später Nacht zu suchen, mir die Krüge des Hauses tobend einzuschlagen habe; Und er, zur Antwort giebt er mir, jetzt rathet? Der Unverschämte! Der Halunke, der! Aufs Rad will ich ihn sehen, oder mich nicht mehr geduldig auf den Rücken legen; Er spricht, es hab' ein Anderer den Krug vom Sims' gestürzt – ein Anderer, ich bitt' euch, der vor ihm aus der Kammer nur entwichen; – Und überhäuft mit Schimpf mir da das Mädchen.

ADAM. O! faule Fische – Hierauf?

FRAU MARTHE. Auf dies Wort seh' ich das Mädchen fragend an; die steht gleich einer Leiche da, ich sage: Eve! – Sie setzt sich; ist's ein Anderer gewesen, Frag' ich? Und Joseph und Marie, ruft sie, was denkt ihr Mutter auch? – So sprich! Wer war's? Wer sonst, sagt sie, – und wer auch konnt' es anders? Und schwört mir zu, daß er's gewesen ist.

EVE. Was schwor ich euch? Was hab' ich euch geschworen? Nichts schwor ich, nichts euch –

FRAU MARTHE. Eve!

EVE. Nein! Dies lügt ihr –

RUPRECHT. Da hört ihr's.

ADAM. Hund, jetzt, verfluchter, schweig, soll hier die Faust den Rachen dir noch stopfen! Nachher ist Zeit für dich, nicht jetzt.

FRAU MARTHE. Du hättest nicht –?

EVE. Nein, Mutter! Dies verfälscht ihr. Seht, leid thut's in der That mir tief zur Seele, daß ich es öffentlich erklären muß: Doch nichts schwor ich, nichts, nichts hab' ich geschworen.

ADAM. Seid doch vernünftig, Kinder.

LICHT. Das ist ja seltsam.

FRAU MARTHE. Du hättest mir, o Eve, nicht versichert? Nicht Joseph und Maria angerufen?

EVE. Beim Schwur nicht! Schwörend nicht! Seht dies jetzt schwör' ich, und Joseph und

Maria ruf ich an.

ADAM. Ei, Leutchen! Ei, Frau Marthe! Was auch macht sie? Wie schüchtert sie das gute Kind auch ein. Wenn sich die Jungfer wird besonnen haben, erinnert ruhig dessen, was geschehen, – Ich sage, was geschehen ist, und was, spricht sie nicht, wie sie soll, geschehn noch kann: Gebt Acht, so sagt sie heut uns aus, wie gestern, gleichviel, ob sie's beschwören kann ob nicht. Laßt Joseph und Maria aus dem Spiele.

WALTER. Nicht doch, Herr Richter, nicht! Wer wollte den Partheien so zweideut'ge Lehren geben.

FRAU MARTHE. Wenn sie in's Angesicht mir sagen kann, schamlos, die liederliche Dirne, die, daß es ein Andrer, als der Ruprecht war, so mag meinetwegen sie – ich mag nicht sagen, was. Ich aber, ich versichr' es euch, Herr Richter, und kann ich gleich nicht, daß sie's schwor, behaupten, daß sie's gesagt hat gestern, das beschwör' ich, und Joseph und Maria ruf' ich an.

ADAM. Nun weiter will ja auch die Jungfer –

WALTER. Herr Richter!

ADAM. Ew. Gnaden? – Was sagt er? Nicht, Herzens-Evchen?

FRAU MARTHE. Heraus damit! Hast du's mir nicht gesagt? Hast du's mir gestern nicht, mir nicht gesagt?

EVE. Wer läugnet euch, daß ich's gesagt –

ADAM. Da habt ihr's.

RUPRECHT. Die Metze, die!

ADAM. Schreibt auf.

VEIT. Pfui, schäm' sie sich.

WALTER. Von eurer Aufführung, Herr Richter Adam, weiß ich nicht, was ich denken soll. Wenn ihr selbst den Krug zerschlagen hättet, könntet ihr von euch ab den Verdacht nicht eifriger Hinwälzen auf den jungen Mann, als jetzt. – Ihr setzt nicht mehr ins Protokoll, Herr Schreiber, als nur der Jungfer Eingeständniß, hoff' ich, Vom gestrigen Geständniß, nicht vom Facto. – Ist's an die Jungfer jetzt schon auszusagen?

ADAM. Mein Seel, wenn's ihre Reihe noch nicht ist, In solchen Dingen irrt der Mensch, Ew. Gnaden. Wen hätt' ich fragen sollen jetzt? Beklagten? Auf Ehr'! Ich nehme gute Lehre an.

WALTER. Wie unbefangen! – Ja, fragt den Beklagten. Fragt, macht ein Ende, fragt, ich bitt' euch sehr: Dies ist die letzte Sache, die ihr führt.

ADAM. Die letzte! Was! Ei freilich! Den Beklagten! Wohin auch, alter Richter, dachtest du? Verflucht das pips'ge Perlhuhn mir! Daß es krepiert wär an der Pest in Indien! Stets liegt der Kloß von Nudeln mir im Sinn.

WALTER. Was liegt? Was für ein Kloß liegt euch –?

ADAM. Der Nudelkloß, verzeiht, den ich dem Huhne geben soll. Schluckt mir das Aas die Pille nicht herunter, Mein Seel, so weiß ich nicht, wie's werden wird.

WALTER. Thut Eure Schuldigkeit, sag ich, zum Henker!

ADAM. Beklagter trete vor.

RUPRECHT. Hier, Herr Dorfrichter. Ruprecht, Veits, des Kossäthen Sohn, aus Huisum.

ADAM. Vernahm er dort, was vor Gericht so eben Frau Marthe gegen ihn hat angebracht?

RUPRECHT. Ja, Herr Dorfrichter, das hab' ich.

ADAM. Getraut er sich etwas dagegen aufzubringen, was? Bekennt er, oder unterfängt er sich, hier wie ein gottvergeßner Mensch zu läugnen?

RUPRECHT. Was ich dagegen aufzubringen habe, Herr Richter? Ei! Mit euerer Erlaubniß, daß sie kein wahres Wort gesprochen hat.

ADAM. So? Und das denkt er zu beweisen?

RUPRECHT. O ja.

ADAM. Die würdige Frau Marthe, die. Beruhige sie sich. Es wird sich finden.

WALTER. Was geht Ihm die Frau Marthe an, Herr Richter?

ADAM. Was mir –? Bei Gott! Soll ich als Christ –?

WALTER. Bericht' Er, was er für sich anzuführen hat. – Herr Schreiber, wißt ihr den Prozeß zu führen?

ADAM. Ach, was!

LICHT. Ob ich – ei nun, wenn Ew. Gnaden –

ADAM. Was glotzt er da? Was hat er aufzubringen? Steht nicht der Esel, wie ein Ochse, da? Was hat er aufzubringen?

RUPRECHT. Was ich aufzubringen?

WALTER. Er ja, er soll den Hergang jetzt erzählen.

RUPRECHT. Mein Seel', wenn man zu Wort mich kommen ließe.

WALTER. S' ist in der That, Herr Richter, nicht zu dulden.

RUPRECHT. Glock zehn Uhr mogt' es etwa sein zu Nacht, – Und warm, just diese Nacht des Januars wie Mai, als ich zum Vater sage: Vater! Ich will ein Bissel noch zur Eve gehn. Denn heuren wollt' ich sie, das müßt ihr wissen, ein rüstig Mädel ist's, ich hab's beim Erndten gesehn, wo alles von der Faust ihr ging, und ihr das Heu man flog, als wie gemaus't. Das sagt' ich: willst du? Und sie sagte: ach! Was du da gakelst. Und nachher sagt' sie, ja.

ADAM. Bleib er bei seiner Sache. Gakeln! Was! Ich sagte, willst du? Und sie sagte, ja.

RUPRECHT. Ja, meiner Treu, Herr Richter.

WALTER. Weiter! Weiter!

RUPRECHT. Nun – Da sagt' ich: Vater, hört er? Laß er mich. Wir schwatzen noch am Fenster was zusammen. Na, sagt er, lauf; bleibst du auch draußen, sagt er? Ja, meiner Seel', sag' ich, das ist geschworen. Na, sagt' er, lauf, um eilfe bist du hier.

ADAM. Na, so sag' du, und gakle, und kein Ende. Na, hat er bald sich ausgesagt?

RUPRECHT. Na, sag' ich, das ist ein Wort, und setz' die Mütze auf, und geh; und über'n Steig will ich, und muß durch's Dorf zurückgehn, weil der Bach geschwollen. Ei, alle Wetter, denk' ich, Ruprecht, Schlag! Nun ist die Gartenthür bei Marthens zu: Denn bis um zehn läßt's Mädel sie nur offen, wenn ich um zehn nicht da bin, komm ich nicht.

ADAM. Die liederliche Wirthschaft, die.

WALTER. Drauf weiter?

RUPRECHT. Drauf – wie ich über'n Lindengang mich näh're, bei Marthens, wo die Reihen dicht gewölbt, und dunkel, wie der Dom zu Utrecht, sind, hör' ich die Gartenthüre fernher knarren. Sieh da! Da ist die Eve noch! sag' ich, und schicke freudig euch, von wo die Ohren mir Kundschaft brachten, meine Augen nach – – und schelte sie, da sie mir wiederkommen, für blind, und schicke auf der Stelle sie zum zweitenmal, sich besser umzusehen, und schimpfe sie nichtswürdige Verläumder, Aufhetzer, niederträcht'ge Ohrenbläser, und schicke sie zum drittenmal, und denke, Sie werden, weil sie ihre Pflicht gethan, unwillig los sich aus dem Kopf mir reißen, und sich in einen andern Dienst begeben: Die Eve ist's, am Latz erkenn ich sie, und einer ist's noch obenein.

ADAM. So? Einer noch? Und wer, er Klugschwätzer?

RUPRECHT. Wer? Ja, mein Seel, da fragt ihr mich –

ADAM. Nun also! Und nicht gefangen, denk ich, nicht gehangen.

WALTER. Fort! Weiter in der Rede! Laßt ihn doch! Was unterbracht ihr ihn, Herr Dorfrichter?

RUPRECHT. Ich kann das Abendmahl darauf nicht nehmen, stockfinster war's, und alle Katzen grau. Doch müßt ihr wissen, daß der Flickschuster, der Lebrecht, den man kürzlich losgesprochen, Dem Mädel längst mir auf die Fährte ging. Ich sagte vor'gen Herbst schon: Eve, höre, der Schuft schleicht mir um's Haus, das mag ich nicht; Sag' ihm, daß du kein Braten bist für ihn, Mein Seel', sonst werf ich ihn vom Hof herunter. Die spricht: Ich glaub', du schierst mich, sagt ihm was, das ist nicht hin, nicht her, nicht Fisch, nicht Fleisch: Drauf geh ich hin und werf' den Schlingel herunter.

ADAM. So? Lebrecht heißt der Kerl?

RUPRECHT. Ja, Lebrecht.

ADAM. Gut. Das ist ein Nam'. Es wird sich Alles finden. – Habt ihr's bemerkt im Protokoll, Herr Schreiber?

LICHT. O ja, und alles andere, Herr Richter.

ADAM. Sprich weiter, Ruprecht, jetzt, mein Sohn.

RUPRECHT. Nun schießt, da ich Glock eilf das Pärchen hier begegne, – Glock zehn Uhr zog ich immer ab – das Blatt mir. Ich denke, halt, jetzt ist's noch Zeit, o Ruprecht, Noch wachsen dir die Hirschgeweihe nicht; – Hier mußt du sorgsam dir die Stirn befühlen, ob dir von fern hornartig etwas keimt. Und drücke sacht mich durch die Gartenpforte, und berg' in einen Strauch von Taxus mich: Und hör euch ein Gefispre hier, ein Scherzen, ein Zerren hin, Herr Richter, Zerren her, mein Seel, ich denk', ich soll vor Lust –

EVE. Du Bös'wicht! Was das, o, schändlich ist von dir!

FRAU MARTHE. Hallunke! Dir weis' ich noch einmal, wenn wir allein sind, die Zähne! Wart! Du weißt noch nicht, wo mir die Haare wachsen! Du sollst's erfahren!

RUPRECHT. Ein Viertelstündchen dauert's so, ich denke, was wird's doch werden, ist doch heut nicht Hochzeit? Und eh' ich den Gedanken ausgedacht, Husch! sind sie beid' in's Haus schon, vor dem Pastor.

EVE. Geht, Mutter, mag es werden, wie es will –

ADAM. Schweig du mir dort, rath' ich, das Donnerwetter schlägt über dich ein, unberufne Schwätzerin! Wart, bis ich auf zur Red' dich rufen werde.

WALTER. Sehr sonderbar, bei Gott!

RUPRECHT. Jetzt hebt, Herr Richter Adam, jetzt hebt sich's, wie ein Blutsturz, mir. Luft! Da mir der Knopf am Brustlatz springt: Luft jetzt! Und reiße mir den Latz auf: Luft jetzt sag' ich! Und geh, und drück, und tret' und donnere, da ich der Dirne Thür, verriegelt finde, gestemmt, mit Macht, auf einen Tritt, sie ein.

ADAM. Blitzjunge, du!

RUPRECHT. Just da sie auf jetzt rasselt, Stürzt dort der Krug vom Sims ins Zimmer hin, und husch! springt einer aus dem Fenster euch: Ich seh die Schöße noch vom Rocke wehn.

ADAM. War das der Leberecht?

RUPRECHT. Wer sonst, Herr Richter? Das Mädchen steht, die werf' ich über'n Haufen, zum Fenster eil' ich hin, und find' den Kerl noch in den Pfählen hangen, am Spalier, wo sich das Weinlaub aufrankt bis zum Dach. Und da die Klinke in der Hand mir blieb, als ich die Thür eindonnerte, so reiß' ich jetzt mit dem Stahl eins pfundschwer über'n Detz ihm: Den just, Herr Richter, konnt' ich noch erreichen.

ADAM. Wars eine Klinke?

RUPRECHT. Was?

ADAM. Ob's –

RUPRECHT. Ja, die Thürklinke.

ADAM. Darum.

LICHT. Ihr glaubtet wohl, es war ein Degen?

ADAM. Ein Degen? Ich – wie so?

RUPRECHT. Ein Degen!

LICHT. Je nun! Man kann sich wohl verhören. Eine Klinke hat sehr viel Aehnlichkeit mit einem Degen.

ADAM. Ich glaub' –!

LICHT. Bei meiner Treu! Der Stiel, Herr Richter?

ADAM. Der Stiel!

RUPRECHT. Der Stiel! Der wars nun aber nicht. Der Klinke umgekehrtes Ende war's.

ADAM. Das umgekehrte Ende war's der Klinke!

LICHT. So! So!

RUPRECHT. Doch auf dem Griffe lag ein Klumpen Blei, wie ein Degengriff, das muß ich sagen.

ADAM. Ja, wie ein Griff.

LICHT. Gut. Wie ein Degengriff. Doch irgend eine tücksche Waffe mußt' es gewesen sein. Das wußt' ich wohl.

WALTER. Zur Sache stets, ihr Herren, doch! Zur Sache!

ADAM. Nichts als Allotrien, Herr Schreiber! – Er, weiter!

RUPRECHT. Jetzt stürzt der Kerl, und ich schon will mich wenden, als ich's im Dunkeln auf sich rappeln sehe. Ich denke: lebst du noch? und steig auf's Fenster und will dem Kerl das Gehen unten legen: Als jetzt, ihr Herrn, da ich zum Sprung just aushol', mir eine Handvoll grobgekörnten Sandes – – Und Kerl und Nacht und Welt und Fensterbrett, worauf ich steh, denk' ich nicht, straf mich Gott, das Alles fällt in einen Sack zusammen – Wie Hagel, stiebend, in die Augen fliegt.

ADAM. Verflucht! Sieh da! Wer that das?

RUPRECHT. Wer? Der Lebrecht.

ADAM. Hallunke!

RUPRECHT. Meiner Treu! Wenn er's gewesen.

ADAM. Wer sonst!

RUPRECHT. Als stürzte mich ein Schlossenregen von eines Bergs zehn Klaftern hohen Abhang, so schlag' ich jetzt vom Fenster euch ins Zimmer: Ich denk' ich schmettere den Boden ein. Nun brech' ich mir den Hals doch nicht, auch nicht das Kreuz mir, Hüften, oder sonst, inzwischen konnt' ich des Kerls doch nicht mehr habhaft werden, und sitze auf, und wische mir die Augen. Die kommt, und ach, Herr Gott! ruft sie, und Ruprecht! Was ist dir auch? Mein Seel', ich hob den Fuß, gut war's, das ich nicht sah, wohin ich stieß.

ADAM. Kam das vom Sande noch?

RUPRECHT. Vom Sandwurf, ja.

ADAM. Verdammt! Der traf!

RUPRECHT. Da ich jetzt aufersteh' Was sollt' ich auch die Fäuste hier mir schänden? So schimpf' ich sie, und sage liederliche Metze, und denke, das ist gut genug für sie. Doch Thränen, seht, ersticken mir die Sprache. Denn da Frau Marthe jetzt in's Zimmer tritt, die Lampe hebt, und ich das Mädchen dort jetzt schlotternd, zum Erbarmen vor mir sehe, Sie, die so herzhaft sonst wohl um sich sah, so sag' ich zu mir, blind ist auch nicht übel. Ich hätte meine Augen hingegeben, Knippkügelchen, wer will, damit zu spielen.

EVE. Er ist nicht werth, der Bös'wicht –

ADAM. Sie soll schweigen.

RUPRECHT. Das Weitre wißt ihr.

ADAM. Wie, das Weitere?

RUPRECHT. Nun ja, Frau Marthe kam, und geiferte, und Ralf, der Nachbar, kam, und Hinz, der Nachbar, und Muhme Sus' und Muhme Liese kamen, und Knecht und Mägd' und Hund' und Katzen kamen, s' war ein Spektakel, und Frau Marthe fragte die Jungfer dort, wer ihr den Krug zerschlagen, und die, die sprach, ihr wißt's, das ich's gewesen. Mein Seel', sie hat so Unrecht nicht, ihr Herren. Den Krug, den sie zu Wasser trug, zerschlug ich, und der Flickschuster hat im Kopf ein Loch. –

ADAM. Frau Marthe! Was entgegnet ihr der Rede? Sagt an!

FRAU MARTHE. Was ich der Red entgegene? Daß sie, Herr Richter, wie der Marder einbricht, und Wahrheit wie ein gakelnd Huhn erwürgt. Was Recht liebt, sollte zu den Keulen greifen, um dieses Ungethüm der Nacht zu tilgen.

ADAM. Da wird sie den Beweis uns führen müssen.

FRAU MARTHE. O ja, sehr gern. Hier ist mein Zeuge. – Rede!

ADAM. Die Tochter? Nein, Frau Marthe.

WALTER. Nein? Warum nicht?

ADAM. Als Zeuginn, gnäd'ger Herr? Steht im Gesetzbuch Nicht titulo, ist's quarto? oder quinto? Wenn Krüge oder sonst, was weiß ich? Von jungen Bengeln sind zerschlagen worden, so zeugen Töchter ihren Müttern nicht?

WALTER. In eurem Kopf liegt Wissenschaft und Irrthum geknetet, innig, wie ein Teig, zusammen; Mit jedem Schnitte gebt ihr mir von beidem. Die Jungfer zeugt noch nicht, sie deklarirt jetzt; Ob, und für wen, sie zeugen will und kann, wird erst aus der Erklärung sich ergeben.

ADAM. Ja, deklariren. Gut. Titulo sexto. Doch was sie sagt, das glaubt man nicht.

WALTER. Tritt vor, mein junges Kind.

ADAM. He! Lis' –! – Erlaubt! Die Zunge wird sehr trocken mir – Margrethe!

Achter Auftritt

Eine MAGD (tritt auf). Die VORIGEN.

ADAM. Ein Glas mit Wasser! –

DIE MAGD. Gleich!

ADAM. Kann ich euch gleichfalls –?

WALTER. Ich danke.

ADAM. Franz? oder Mos'ler? Was ihr wollt.

WALTER (verneigt sich; die Magd bringt Wasser und entfernt sich.)

Neunter Auftritt

WALTER. ADAM. FRAU MARTHE u. s. w. ohne die MAGD.

ADAM. – Wenn ich freimüthig reden darf, Ihr Gnaden, die Sache eignet gut sich zum Vergleich.

WALTER. Sich zum Vergleich? Das ist nicht klar, Herr Richter. Vernünft'ge Leute können sich vergleichen; Doch wie ihr den Vergleich schon wollt bewirken, da noch durchaus die Sache nicht entworren, das hätt' ich wohl von euch zu hören Lust. Wie denkt ihr's anzustellen, sagt mir an? Habt Ihr ein Urtheil schon gefaßt?

ADAM. Mein Seel! Wenn ich, da das Gesetz im Stich mich läßt, Philosophie zu Hülfe nehmen soll, so war's – der Leberecht –

WALTER. Wer?

ADAM. Oder Ruprecht –

WALTER. Wer?

ADAM. Oder Lebrecht, der den Krug zerschlug.

WALTER. Wer also war's? Der Lebrecht oder Ruprecht? Ihr greift, ich seh, mit Eurem Urtheil ein, wie eine Hand in einen Sack voll Erbsen.

ADAM. Erlaubt!

WALTER. Schweigt, schweigt, ich bitt' euch.

ADAM. Wie ihr wollt. Auf meine Ehr, mir wär's vollkommen recht, wenn sie es alle beid' gewesen wären.

WALTER. Fragt dort, so werdet ihr's erfahren.

ADAM. Sehr gern. Doch wenn ihr's heraus bekommt, bin ich ein Schuft. – Habt ihr das Protokoll da in Bereitschaft?

LICHT. Vollkommen.

ADAM. Gut.

LICHT. Und brech' ein eignes Blatt mir, begierig, was darauf zu stehen kommt.

ADAM. Ein eignes Blatt? Auch gut.

WALTER. Sprich dort, mein Kind

ADAM. Sprich, Evchen, hörst du, sprich jetzt, Jungfer Evchen! Gieb Gotte, hörst du, Herzchen, gieb, mein Seel, Ihm und der Welt, gieb ihm was von der Wahrheit. Denk, daß du hier vor Gottes Richtstuhl bist, und daß du deinen Richter nicht mit Läugnen, und Plappern, was zur Sache nicht gehört, betrüben mußt. Ach, was! Du bist vernünftig. Ein Richter immer, weißt du, ist ein Richter, und einer braucht ihn heut, und einer morgen. Sagst du, daß es der Lebrecht war: nun gut; Und sagst du, daß es Ruprecht war: auch gut! Sprich so, sprich so, ich bin kein ehrlicher Kerl, es wird sich Alles, wie du's wünschest finden. Willst du mir hier von einem andern trätschen, und dritten etwa, dumme Namen nennen: Sieh, Kind, nimm dich in Acht, ich sag' nichts weiter. In Huisum, hol's der Henker, glaubt dir's keiner, und keiner, Evchen, in den Niederlanden; Du weißt, die weißen Wände zeugen nicht, der auch wird zu vertheidigen sich wissen: Und deinen Ruprecht holt die Schwerenoth!

WALTER. Wenn ihr doch eure Reden lassen wolltet. Geschwätz, gehauen nicht und nicht gestochen.

ADAM. Verstehen's Ew. Gnaden nicht?

WALTER. Macht fort! Ihr habt zulängst hier auf dem Stuhl gesprochen.

ADAM. Auf Ehr! Ich habe nicht studirt, Ew. Gnaden. Bin ich Euch Herrn aus Utrecht nicht verständlich, Mit diesem Volk vielleicht verhält sich's anders: Die Jungfer weiß, ich wette, was ich will.

FRAU MARTHE. Was soll das? Dreist heraus jetzt mit der Sprache!

EVE. O liebste Mutter!

FRAU MARTHE. Du –! Ich rathe dir!

RUPRECHT. Mein Seel, 's ist schwer, Frau Marthe, dreist zu sprechen, wenn das Gewissen an der Kehl' uns sitzt.

ADAM. Schweig' er jetzt, Nas'weis, mucks' er nicht.

FRAU MARTHE. Wer war's?

EVE. O Jesus!

FRAU MARTHE. Maulaffe, der! Der niederträchtige! O Jesus! Als ob sie eine Hure wäre. War's der Herr Jesus?

ADAM. Frau Marthe! Unvernunft! Was das für –! Laß Sie die Junfer doch gewähren! Das Kind einschrecken – Hure – Schaafsgesicht! So wird's uns nichts. Sie wird sich schon besinnen.

RUPRECHT. O ja, besinnen.

ADAM. Flaps dort, schweig er jetzt.

RUPRECHT. Der Flickschuster wird ihr schon einfallen.

ADAM. Der Satan! Ruft den Büttel! He! Hanfriede!

RUPRECHT. Nun, nun! Ich schweig', Herr Richter, laßt's nur sein. Sie wird euch schon auf meinen Nahmen kommen.

FRAU MARTHE. Hör du, mach mir hier kein Spektakel, sag' ich. Hör, neun und vierzig bin ich alt geworden in Ehren: funfzig möcht ich gern erleben. Den dritten Februar ist mein Geburtstag; Heut ist der erste. Mach es kurz. Wer war's?

ADAM. Gut, meinethalben! Gut, Frau Marthe Rull!

FRAU MARTHE. Der Vater sprach, als er verschied: Hör', Marthe, Dem Mädel schaff mir einen wackern Mann; Und wird sie eine liederliche Metze, so gieb dem Todtengräber einen Groschen, und laß mich wieder auf den Rücken legen: Mein Seel, ich glaub ich kehr' im Grab mich um.

ADAM. Nun, das ist auch nicht übel.

FRAU MARTHE. Willst du Vater und Mutter jetzt, mein Evchen, nach dem vierten Gebot hoch ehren, gut, so sprich in meine Kammer ließ ich den Schuster, oder einen dritten, Hörst du? Der Bräut'gam aber war es nicht.

RUPRECHT. Sie jammert mich. Laßt doch den Krug, ich bitt' euch; Ich will'n nach Utrecht tragen. Solch' ein Krug – Ich wollt' ich hätt' ihn nur entzwei geschlagen.

EVE. Unedelmüth'ger, du! Pfui, schäme dich, daß du nicht sagst, gut, ich zerschlug den Krug! Pfui, Ruprecht, pfui, o schäme dich, daß du Mir nicht in meiner That vertrauen kannst. Gab' ich die Hand dir nicht, und sagte, ja, als du mich fragtest, Eve, willst du mich? Meinst du, daß du den Flickschuster nicht werth bist? Und hättest du durch's Schlüsselloch mich mit dem Lebrecht aus dem Kruge trinken sehen, Du hättest denken sollen: Ev' ist brav, Es wird sich alles ihr zum Ruhme lösen, und ist's im Leben nicht, so ist es jenseits, und wenn wir auferstehn ist auch ein Tag.

RUPRECHT. Mein Seel, das dauert mir zu lange, Evchen. Was ich mit Händen greife, glaub' ich gern.

EVE. Gesetzt, es wär der Leberecht gewesen, Warum – des Todes will ich ewig sterben, hätt' ich's dir Einzigem nicht gleich vertraut; Jedoch warum vor Nachbarn, Knecht und Mägden – Gesetzt, ich hätte Grund, es zu verbergen, warum, o Ruprecht, sprich, warum nicht sollt' ich, auf dein Vertraun hin sagen, daß du's warst? Warum nicht sollt' ich's? Warum sollt' ich's nicht?

RUPRECHT. Ei, so zum Henker, sag's, es ist mir Recht, wenn du die Fiedel dir ersparen kannst.

EVE. O du Abscheulicher! Du Undankbarer! Werth, daß ich mir die Fiedel spare! Werth, daß ich mit einem Wort zu Ehren mich, und dich in ewiges Verderben bringe.

WALTER. Nun –? Und dies einz'ge Wort –? Halt uns nicht auf. Der Ruprecht also war es nicht?

EVE. Nein gnäd'ger Herr, weil ers denn selbst so will, um seinetwillen nur verschwieg ich es: Den irdnen Krug zerschlug der Ruprecht nicht, wenn er's euch selber läugnet, könnt ihr's glauben.

FRAU MARTHE. Eve! Der Ruprecht nicht?

EVE. Nein, Mutter, nein! Und wenn ich's gestern sagte, war's gelogen.

FRAU MARTHE. Hör, dir zerschlag' ich alle Knochen! (Sie setzt den Krug nieder).

EVE. Thut, was ihr wollt.

WALTER. (drohend). Frau Marthe!

ADAM. He! Der Büttel! – Schmeißt sie heraus dort, die verwünschte Vettel! Warum soll's Ruprecht just gewesen sein. Hat sie das Licht dabei gehalten, was? Die Jungfer, denk' ich, wird es wissen müssen: Ich bin ein Schelm, wenn's nicht der Lebrecht war.

FRAU MARTHE. War es der Lebrecht etwa? War's der Lebrecht?

ADAM. Sprich, Evchen, war's der Lebrecht nicht, mein Herzchen?

EVE. Er Unverschämter, er! Er Niederträcht'ger! Wie kann er sagen, daß es Lebrecht –

WALTER. Jungfer! Was untersteht sie sich? Ist das mir der Respekt, den sie dem Richter schuldig ist?

EVE. Ei, was! Der Richter dort! Werth, selbst vor dem Gericht, ein armer Sünder, dazustehn – – Er, der wohl besser weiß, wer es gewesen! (Sich zum Dorfrichter wendend:) Hat er den Lebrecht in die Stadt nicht gestern geschickt nach Utrecht, vor die Commission, mit dem Attest, der die Rekruten aushebt? Wie kann er sagen, daß es Lebrecht war, wenn er wohl weiß, daß der in Utrecht ist?

ADAM. Nun wer denn sonst? Wenn's Lebrecht nicht, zum Henker – Nicht Ruprecht ist, nicht Lebrecht ist – – Was machst du?

RUPRECHT. Mein Seel', Herr Richter Adam, laßt euch sagen, hierin mag doch die Jungfer just nicht lügen, dem Lebrecht bin ich selbst begegnet gestern, als er nach Utrecht ging, früh war's Glock acht, und wenn er auf ein Fuhrwerk sich nicht lud, hat sich der Kerl, krummbeinig wie er ist, Glock zehn Uhr nachts noch nicht zurückgehaspelt. Es kann ein dritter wohl gewesen sein.

ADAM. Ach, was! Krummbeinig! Schaafsgesicht! Der Kerl Geht seinen Stiefel, der, trotz einem. Ich will von ungespaltnem Leibe sein, wenn nicht ein Schäferhund von mäß'ger Größe muß seinen Trab gehn, mit ihm fortzukommen.

WALTER. Erzähl' den Hergang uns.

ADAM. Verzeih'n Ew. Gnaden! Hierauf wird euch die Jungfer schwerlich dienen.

WALTER. Nicht dienen? Mir nicht dienen? Und warum nicht?

ADAM. Ein twatsches Kind. Ihr seht's. Gut, aber twatsch. Blutjung, gefirmelt kaum; das schämt sich noch, wenn's einen Bart von weitem sieht. So'n Volk, im Finstern leiden sie's, und wenn es Tag wird, so läugnen sie's vor ihrem Richter ab.

WALTER. Ihr seid sehr nachsichtsvoll, Herr Richter Adam, sehr mild, in allem, was die Jungfer angeht.

ADAM. Die Wahrheit euch zu sagen, Herr Gerichtsrath, ihr Vater war ein guter Freund von mir. Wollen Ew. Gnaden heute huldreich sein, so thun wir hier nicht mehr, als unsre Pflicht, und lassen seine Tochter gehn.

WALTER. Ich spüre große Lust in mir, Herr Richter, der Sache völlig auf den Grund zu kommen. – Sei dreist, mein Kind; sag, wer den Krug zerschlagen. Vor niemand stehst du, in dem Augenblick, der einen Fehltritt nicht verzeihen könnte.

EVE. Mein lieber, würdiger und gnäd'ger Herr, erlaßt mir, euch den Hergang zu erzählen. Von dieser Weig'rung denkt uneben nicht. Es ist des Himmels wunderbare Fügung, die mir den Mund in dieser Sache schließt. Daß Ruprecht jenen Krug nicht traf, will ich mit einem Eid, wenn ihr's verlangt, auf heiligem Altar bekräftigen. Jedoch die gestrige Begebenheit, mit jedem andern Zuge, ist mein eigen, und nicht das ganze Garnstück kann die Mutter, um eines einz'gen Fadens willen, fordern, der, ihr gehörig, durch's Gewebe läuft. Ich kann hier, wer den Krug zerschlug, nicht melden, Geheimnisse, die nicht mein Eigenthum, müßt' ich, dem Kruge völlig fremd, berühren. Früh oder spät, will ich's ihr anvertrauen, Doch hier das Tribunal ist nicht der Ort, wo sie das Recht hat, mich darnach zu fragen.

ADAM. Nein, Rechtens nicht. Auf meine Ehre nicht. Die Jungfer weiß, wo unsre Zäume hängen. Wenn sie den Eid hier vor Gericht will schwören, so fällt der Mutter Klage weg: Dagegen ist nichts weiter einzuwenden.

WALTER. Was sagt zu der Erklärung sie, Frau Marthe?

FRAU MARTHE. Wenn ich gleich was Erkleckliches nicht aufbring', gestrenger Herr, so glaubt, ich bitt' euch sehr, daß mir der Schlag bloß jetzt die Zunge lähmte. Beispiele giebts, daß ein verlohrner Mensch, Um vor der Welt zu Ehren sich zu bringen, den Meineid vor dem Richtstuhle wagt; doch daß ein falscher Eid sich schwören kann, auf heil'gem Altar, um an den Pranger hinzukommen, das heut erfährt die Welt zum erstenmal. Wär', daß ein andrer, als der Ruprecht sich in ihre Kammer gestern schlich, gegründet, wär's überall nur möglich, gnäd'ger Herr, versteht mich wohl, – so säumt ich hier nicht länger. Den Stuhl setzt' ich, zur ersten Einrichtung, ihr vor die Thür, und sagte, geh, mein Kind, die Welt ist weit, da zahlst du keine Miethe, und lange Haare hast du auch geerbt, woran du dich, kommt Zeit, kommt Rath, kannst hängen.

WALTER. Ruhig, ruhig, Frau Marthe.

FRAU MARTHE. Da ich jedoch hier den Beweis noch anders führen kann, als bloß durch sie, die diesen Dienst mir weigert, und überzeugt bin völlig, daß nur er mir, und kein Anderer den Krug zerschlug, so bringt die Lust, es kurz hin abzuschwören, mich noch auf einen schändlichen Verdacht. Die Nacht von gestern birgt ein anderes Verbrechen noch, als bloß die Krugverwüstung. Ich muß euch sagen, gnäd'ger Herr, daß Ruprecht zur Conscription gehört, in wenig Tagen soll er den Eid zur Fahn' in Utrecht schwören. Die jungen Landessöhne reißen aus. Gesetzt, er hätte gestern nacht gesagt: Was meinst du, Evchen? Komm. Die Welt ist groß. Zu Kist' und Kasten hast du ja die Schlüssel – Und sie, sie hätt' ein wenig sich gesperrt: So hätte ohngefähr, da ich sie störte, – Bei ihm aus Rach', aus Liebe noch bei ihr – Der Rest, so wie geschehn, erfolgen können.

RUPRECHT. Das Rabenaas! Was das für Reden sind! Zu Kist' und Kasten –

WALTER. Still!

EVE. Er, austreten!

WALTER. Zur Sache hier. Vom Krug ist hier die Rede. – Beweis, beweis, daß Ruprecht ihn zerbrach!

FRAU MARTHE. Gut, gnäd'ger Herr. Erst will ich hier beweisen, daß Ruprecht mir den Krug zerschlug, und dann will ich im Hause untersuchen. – Seht, eine Zunge, die mir Zeugniß redet, bring' ich für jedes Wort auf, das er sagte, und hätt' in Reihen gleich sie aufgeführt, wenn ich von fern geahndet nur, daß diese die ihrige für mich nicht brauchen würde. Doch wenn ihr Frau Brigitte jetzo ruft, die ihm die Muhm' ist, so genügt mir die, weil die den Hauptpunkt just bestreiten wird. Denn die, die hat Glock halb auf eilf im Garten, merkt wohl, bevor der Krug zertrümmert worden, wortwechselnd mit der Ev' ihn schon getroffen; Und wie die Fabel, die er aufgestellt, vom Kopf zu Fuß dadurch gespalten wird, durch diese einz'ge Zung', ihr hohen Richter, das überlaß' ich selbst euch einzusehn.

RUPRECHT. Wer hat mich –?

VEIT. Schwester Briggy?

RUPRECHT. Mich mit Ev'? Im Garten?

FRAU MARTHE. Ihn mit der Ev', im Garten, Glock halb eilf, bevor er noch, wie er geschwätzt, um eilf das Zimmer überrumpelnd eingesprengt: Im Wortgewechsel, kosend bald, bald zerrend, als wollt' er sie zu etwas überreden. Adam für sich. Verflucht! Der Teufel ist mir gut.

WALTER. Schafft diese Frau herbei.

RUPRECHT. Ihr Herrn, ich bitt' euch: Das ist kein wahres Wort, das ist nicht möglich.

ADAM. O wart, Hallunke! – He! Der Büttel! Hanfried! – Denn auf der Flucht zerschlagen sich die Krüge – – Herr Schreiber, geht, schafft Frau Brigitt' herbei!

VEIT. Hör, du verfluchter Schlingel, du, was machst du? Dir brech ich alle Knochen noch.

RUPRECHT. Weshalb auch?

VEIT. Warum verschwiegst du, daß du mit der Dirne Glock halb eilf im Garten schon scharwenzt? Warum verschwiegst du's?

RUPRECHT. Warum ich's verschwieg? Gott's Schlag und Donner, weil's nicht wahr ist, Vater! Wenn das die Muhme Briggy zeugt, so hängt mich. Und bei den Beinen sie meinthalb dazu.

VEIT. Wenn aber sie's bezeugt – nimm dich in Acht! Du und die saub're Jungfer Eve dort, wie ihr auch vor Gericht euch stellt, ihr steckt doch unter einer Decke noch. S' ist irgend ein schändliches Geheimniß noch, von dem Sie weiß, und nur aus Schonung hier nichts sagt.

RUPRECHT. Geheimniß? Welches?

VEIT. Warum hast du eingepackt? He? Warum hast du gestern Abend eingepackt?

RUPRECHT. Die Sachen?

VEIT. Röcke, Hosen, ja, und Wäsche; Ein Bündel, wie's ein Reisender just auf die Schultern wirft?

RUPRECHT. Weil ich nach Utrecht soll! Weil ich zum Regiment soll! Himmel-Donner –! Glaubt er, daß ich –?

VEIT. Nach Utrecht? Ja, nach Utrecht! Du hast geeilt, nach Utrecht hinzukommen! Vorgestern wußtest du noch nicht, ob du den fünften oder sechsten Tag wirst reisen.

WALTER. Weiß er zur Sache was zu melden, Vater?

VEIT. – Gestrenger Herr, ich will noch nichts behaupten. Ich war daheim, als sich der Krug zerschlug, und auch von einer andern Unternehmung hab' ich, die Wahrheit zu gestehn, noch nichts, wenn ich jedweden Umstand wohl erwäge, das meinen Sohn verdächtig macht, bemerkt. Von seiner Unschuld völlig überzeugt, kam ich hierher, nach abgemachtem Streit sein ehelich Verlöbniß aufzulösen, und ihm das Silberkettlein einzufordern, zusamt dem Schaupfennig, den er der Jungfer bei dem Verlöbniß vor'gen Herbst verehrt. Wenn jetzt von Flucht was, und Verrätherei an meinem grauen Haar zu Tage kommt, so ist mir das so neu, ihr Herrn, als euch: Doch dann der Teufel soll den Hals ihm brechen.

WALTER. Schafft Frau Brigitt' herbei, Herr Richter Adam.

ADAM. – Wird Ew. Gnaden diese Sache nicht Ermüden? Sie zieht sich in die Länge. Ew. Gnaden haben meine Kassen noch, und die Registratur – Was ist die Glocke?

LICHT. Es schlug so eben halb.

ADAM. Auf eilf?

LICHT. Verzeiht, auf zwölfe.

WALTER. Gleichviel.

ADAM. Ich glaub', die Zeit ist, oder ihr verrückt. (Er sieht nach der Uhr) Ich bin kein ehrlicher Mann. – Ja, was befehlt ihr?

WALTER. Ich bin der Meinung –

ADAM. Abzuschließen? Gut –!

WALTER. Erlaubt! Ich bin der Meinung, fortzufahren.

ADAM. Ihr seid der Meinung – Auch gut. Sonst würd' ich auf Ehre, morgen früh, Glock neun, die Sache, zu euerer Zufriedenheit beend'igen.

WALTER. Ihr wißt um meinen Willen.

ADAM. Wie ihr befehlt. Herr Schreiber, schickt die Büttel ab; sie sollen sogleich ins Amt die Frau Brigitte laden.

WALTER. Und nehmt euch – Zeit, die mir viel werth, zu sparen – Gefälligst selbst der Sach' ein wenig an.

(Licht ab).

Zehnter Auftritt

Die VORIGEN (ohne) LICHT. (Späterhin) Einige MÄGDE.

ADAM (aufstehend). Inzwischen könnte man, wenn's so gefällig, vom Sitze sich ein wenig lüften –?

WALTER. Hm! O ja. Was ich sagen wollt' –

ADAM. Erlaubt ihr gleichfalls, daß die Parthei'n, bis Frau Brigitt' erscheint –?

WALTER. Was? Die Parthei'n?

ADAM. Ja, vor die Thür, wenn ihr –

WALTER. (für sich). Verwünscht! (laut). Herr Richter Adam, wißt ihr was? Gebt ein Glas Wein mir in der Zwischenzeit.

ADAM. Von ganzem Herzen gern. He! Margarethe! Ihr macht mich glücklich, gnäd'ger Herr. – Margrethe!

(Die Magd tritt auf.)

DIE MAGD. Hier.

ADAM. Was befehlt ihr! – Tretet ab, ihr Leute. Franz? – Auf den Vorsaal draußen. – Oder Rhein?

WALTER. Von unserm Rhein.

ADAM. Gut. – Bis ich rufe. Marsch!

WALTER. Wohin?

ADAM. Geh, vom Versiegelten, Margrete! – Was? Auf den Flur bloß draußen. – Hier. – Der Schlüssel.

WALTER. Hm! Bleibt.

ADAM. Fort! Marsch, sag ich! – Geh, Margarethe! Und Butter, frisch gestampft, Käs' auch aus Limburg, und von der fetten pommerschen Räuchergans.

WALTER. Halt! Einen Augenblick! Macht nicht so viel Umständ', ich bitt euch sehr, Herr Richter.

ADAM. Schert zum Teufel euch, sag' ich! Thu, wie ich sagte.

WALTER. Schickt ihr die Leute fort, Herr Richter?

ADAM. Ew. Gnaden?

WALTER. Ob ihr –?

ADAM. Sie treten ab, wenn ihr erlaubt. Bloß ab, bis Frau Brigitt' erscheint. Wie, oder soll's nicht etwa –?

WALTER. Hm! Wie ihr wollt. Doch ob's der Mühe sich verlohnen wird? Meint ihr, daß es so lange Zeit wird währen, bis man im Ort sie trifft?

ADAM. S' ist heute Holztag, gestrenger Herr. Die Weiber größtentheils sind in den Fichten, Sträucher einzusammeln. Es könnte leicht –

RUPRECHT. Die Muhme ist zu Hause.

WALTER. Zu Haus'. Laßt sein.

RUPRECHT. Die wird sogleich erscheinen.

WALTER. Die wird uns gleich erscheinen. Schafft den Wein.

ADAM (für sich). Verflucht!

WALTER. Macht fort. Doch nichts zum Imbiß, bitt ich, als ein Stück trocknen Brodes nur, und Salz.

ADAM (für sich). Zwei Augenblicke mit der Dirn' allein – (laut). Ach, trocknes Brod! Was! Salz! Geht doch.

WALTER. Gewiß.

ADAM. Ei, ein Stück Käs' aus Limburg – mindstens Käse – Macht erst geschickt die Zunge, Wein, zu schmekken.

WALTER. Gut. Ein Stück Käse denn, doch weiter nichts.

ADAM. So geh. Und weiß, von Damast, aufgedeckt. Schlecht alles zwar, doch recht. (Die Magd ab). Das ist der Vortheil von uns verrufnen hagestolzen Leuten, daß wir, was andre knapp und kummervoll, mit Weib und Kindern täglich theilen müssen, mit einem Freunde zur gelegnen Stunde, Vollauf genießen.

WALTER. Was ich sagen wollte – Wie kamt ihr doch zu eurer Wund', Herr Richter? Das ist ein böses Loch, fürwahr, im Kopf, das!

ADAM. – Ich fiel.

WALTER. Ihr fielt. Hm! So. Wann? Gestern Abend?

ADAM. Heut, Glock halb sechs, verzeiht, am Morgen, früh, da ich so eben aus dem Bette stieg.

WALTER. Worüber?

ADAM. Ueber – gnäd'ger Herr Gerichtsrath, die Wahrheit euch zu sagen, über mich. Ich schlug euch häuptlings an den Ofen nieder, bis diese Stunde weiß ich nicht, warum?

WALTER. Von hinten?

ADAM. Wie? Von hinten –

WALTER. Oder vorn? Ihr habt zwei Wunden, vorne ein' und hinten.

ADAM. Von vorn und hinten. Margarethe!

DIE BEIDEN MÄGDE (mit Wein u. s. w. Sie decken auf, und gehen wieder ab.)

WALTER. Wie?

ADAM. Erst so, dann so. Erst auf die Ofenkante, die vorn die Stirn mir einstieß, und sodann vom Ofen rückwärts auf den Boden wieder, wo ich mir noch den Hinterkopf zerschlug. (Er schenkt ein.) Ist's Euch gefällig?

WALTER. (nimmt das Glas). Hättet ihr ein Weib, so würd' ich wunderliche Dinge glauben, Herr Richter.

ADAM. Wie so?

WALTER. Ja, bei meiner Treu, so rings seh' ich zerkritzt euch und zerkratzt.

ADAM (lacht). Nein, Gott sei Dank! Fraunnägel sind es nicht.

WALTER. Glaub's. Auch ein Vortheil noch der Hagestolzen.

ADAM (fortlachend). Strauchwerk, für Seidenwürmer, das man trocknend mir an dem Ofenwinkel aufgesetzt. – Auf euer Wohlergehn! (Sie trinken.)

WALTER. Und grad' auch heut noch die Perücke seltsam einzubüßen! Die hätt' euch eure Wunden noch bedeckt.

ADAM. Ja, ja. Jedwedes Uebel ist ein Zwilling. – Hier – von dem fetten jetzt – kann ich –?

WALTER. Ein Stückchen. Aus Limburg?

ADAM. Rect' aus Limburg, gnäd'ger Herr.

WALTER. – Wie Teufel aber, sagt mir, ging das zu?

ADAM. Was?

WALTER. Daß ihr die Perücke eingebüßt.

ADAM. Ja, seht. Ich sitz' und lese gestern Abend ein Actenstück, und weil ich mir die Brille verlegt, duck' ich so tief mich in den Streit, daß bei der Kerze Flamme lichterloh mir die Perücke angeht. Ich, ich denke, Feu'r fällt vom Himmel auf mein sündig Haupt, und greife sie, und will sie von mir werfen; Doch eh ich noch das Nackenband gelößt, brennt sie wie Sodom und Gomorrha schon. Kaum daß ich die drei Haare noch mir rette.

WALTER. Verwünscht! Und eure andre ist in der Stadt.

ADAM. Bei dem Perückenmacher. – Doch zur Sache.

WALTER. Nicht allzurasch, ich bitt', Herr Richter Adam.

ADAM. Ei, was! Die Stunde rollt. Ein Gläschen hier. Er schenkt ein.

WALTER. Der Lebrecht – wenn der Kauz dort wahr gesprochen – Er auch hat einen bösen Fall gethan.

ADAM. Auf meine Ehr' (er trinkt).

WALTER. Wenn hier die Sache, wie ich fast fürchte, unentworren bleibt, so werdet ihr, in eurem Ort, den Thäter Leicht noch aus seiner Wund' entdecken können. (er trinkt). Niersteiner?

ADAM. Was?

WALTER. Oder guter Oppenheimer?

ADAM. Nierstein. Sieh da! Auf Ehre! Ihr versteht's. Aus Nierstein, gnäd'ger Herr, als hätt' ich ihn geholt.

WALTER. Ich prüft' ihn, vor drei Jahren, an der Kelter. Adam schenkt wieder ein. – Wie hoch ist euer Fenster – dort! Frau Marthe.

FRAU MARTHE. Mein Fenster?

WALTER. Das Fenster jener Kammer ja, worin die Jungfer schläft?

FRAU MARTHE. Die Kammer zwar ist nur vom ersten Stock, ein Keller drunter, mehr als neun Fuß das Fenster nicht vom Boden; Jedoch die ganze, wohlerwogene Gelegenheit sehr ungeschickt zum Springen. Denn auf zwei Fuß steht von der Wand ein Weinstock, der seine knot'gen Äste rankend hin durch ein Spalier treibt, längs der ganzen Wand: Das Fenster selbst ist noch davon umstrickt. Es würd' ein Eber, ein gewaffneter, Müh mit den Fängern haben, durchzubrechen.

ADAM. Es hing auch keiner drin. (Er schenkt sich ein).

WALTER. Meint ihr?

ADAM. Ach, geht! (er trinkt).

WALTER. (zu Ruprecht). Wie traf er denn den Sünder? Auf den Kopf?

ADAM. Hier.

WALTER. Laßt.

ADAM. Gebt her.

WALTER. S' ist halb noch voll.

ADAM. Wills füllen.

WALTER. Ihr hört's.

ADAM. Ei, für die gute Zahl.

WALTER. Ich bitt' Euch.

ADAM. Ach, was! Nach der Pythagoräer-Regel. (er schenkt ihm ein).

WALTER. (wieder zu Ruprecht). Wie oft traf er dem Sünder denn den Kopf?

ADAM. Eins ist der Herr; Zwei ist das finstre Chaos; Drei ist die Welt. Drei Gläser lob' ich mir. Im dritten trinkt man mit den Tropfen Sonnen, und Firmamente mit den übrigen.

WALTER. Wie oftmals auf den Kopf traf er den Sünder? Er, Ruprecht, ihn dort frag' ich!

ADAM. Wird man's hören? Wie oft trafst du den Sündenbock? Na, heraus! Gott's Blitz, seht, weiß der Kerl wohl selbst, ob er – Vergaßt du's?

RUPRECHT. Mit der Klinke?

ADAM. Ja, was weiß ich.

WALTER. Vom Fenster, als er nach ihm herunter hieb?

RUPRECHT. Zweimal, ihr Herrn.

ADAM. Hallunke! das behielt er! (er trinkt).

WALTER. Zweimal! Er konnt' ihn mit zwei solchen Hieben erschlagen, weiß er –?

RUPRECHT. Hätt' ich ihn erschlagen, so hätt' ich ihn. Es wär mir grade recht. Läg' er hier vor mir, todt, so könnt' ich sagen, der war's, ihr Herrn, ich hab euch nicht belogen.

ADAM. Ja, todt! Das glaub' ich. Aber so – (er schenkt ein).

WALTER. Konnt' er ihn denn im dunkeln nicht erkennen?

RUPRECHT. Nicht einen Stich, gestrenger Herr. Wie sollt ich?

ADAM. Warum sperrt'st du nicht die Augen auf? – Stoßt an!

RUPRECHT. Die Augen auf! Ich hatt' sie aufgesperrt. Der Satan warf sie mir voll Sand.

ADAM (in den Bart). Voll Sand, ja! Warum sperrt'st du deine großen Augen auf. – Hier. Was wir lieben, gnäd'ger Herr! Stoßt an!

WALTER. – Was recht und gut und treu ist, Richter Adam! (sie trinken).

ADAM. Nun denn, zum Schluß jetzt, wenns gefällig ist. (er schenkt ein).

WALTER. Ihr seid zuweilen bei Frau Marthe wohl, Herr Richter Adam. Sagt mir doch, wer, außer Ruprecht, geht dort aus und ein.

ADAM. Nicht allzuoft, gestrenger Herr, verzeiht. Wer aus und eingeht, kann ich euch nicht sagen.

WALTER. Wie? Solltet ihr die Witwe nicht zuweilen Von eurem seel'gen Freund besuchen?

ADAM. Nein, in der That, sehr selten nur.

WALTER. Frau Marthe! Habt ihr's mit Richter Adam hier verdorben? Er sagt, er spräche nicht mehr bei euch ein?

FRAU MARTHE. Hm! Gnäd'ger Herr, verdorben? Das just nicht. Ich denk er nennt mein guter Freund sich noch. Doch daß ich oft in meinem Haus' ihn sähe, das vom Herrn Vetter kann ich just nicht rühmen. Neun Wochen sind's, daß er's zuletzt betrat, und auch nur da noch im Vorübergehn.

WALTER. Wie sagt ihr?

FRAU MARTHE. Was?

WALTER. Neun Wochen wären's –?

FRAU MARTHE. Neun, Ja – Donnerstag sind's zehn. Er bat sich Samen bei mir, von Nelken und Aurikeln aus.

WALTER. Und – Sonntags – wenn er auf das Vorwerk geht –?

FRAU MARTHE. Ja, da – da gukt er mir in's Fenster wohl, und saget guten Tag zu mir und meiner Tochter; Doch dann so geht er wieder seiner Wege.

WALTER. (für sich). Hm! Sollt ich auch dem Manne wohl – (er trinkt). Ich glaube, weil ihr die Jungfer Muhme dort zuweilen in eurer Wirthschaft braucht, so würdet ihr zum Dank die Mutter dann und wann besuchen.

ADAM. Wie so, gestrenger Herr?

WALTER. Wie so? Ihr sagtet, die Jungfer helfe euren Hühnern auf, die euch im Hof erkranken. Hat sie nicht Noch heut in dieser Sach' euch Rath ertheilt?

FRAU MARTHE. Ja, allerdings, gestrenger Herr, das thut sie. Vorgestern schickt' er ihr ein krankes Perlhuhn ins Haus, das schon den Tod im Leibe hatte. Vorm Jahr rettete sie ihm eins vom Pips, und dies auch wird sie mit der Nudel heilen: Jedoch zum Dank ist er noch nicht erschienen.

WALTER. (verwirrt). – Schenkt ein, Herr Richter Adam, seid so gut. Schenkt gleich mir ein. Wir wollen eins noch trinken.

ADAM. Zu eurem Dienst. Ihr macht mich glücklich. Hier. (er schenkt ein).

WALTER. Auf euer Wohlergehn! – Der Richter Adam, Er wird früh oder spät schon kommen.

FRAU MARTHE. Meint ihr? Ich zweifle. Könnt' ich Niersteiner, solchen, wie ihr trinkt, und wie mein seel'ger Mann, der Castellan, wohl auch, von Zeit zu Zeit, im Keller hatte, vorsetzen dem Herrn Vetter, wär's was anders: Doch so besitz' ich nichts, ich arme Wittwe, In meinem Hause, das ihn lockt.

WALTER. Um so viel besser.

Eilfter Auftritt

LICHT, FRAU BRIGITTE mit einer Perücke in der Hand, DIE MÄGDE treten auf. DIE VORIGEN.

LICHT. Hier, Frau Brigitt, herein.

WALTER. Ist das die Frau, Herr Schreiber Licht?

LICHT. Das ist die Frau Brigitte, Ew. Gnaden.

WALTER. Nun denn, so laßt die Sach uns jetzt beschließen. Nehmt ab, ihr Mägde. Hier. (Die Mägde mit Gläsern usw. ab.)

ADAM.währenddessen. Nun, Evchen, höre, dreh du mir deine Pille ordentlich, wie sichs gehört, so sprech ich heute abend auf ein Gericht Karauschen bei euch ein. Dem Luder muß sie ganz jetzt durch die Gurgel, ist sie zu groß, so mags den Tod dran fressen.

WALTER. erblickt die Perücke. Was bringt uns Frau Brigitte dort für eine Perücke?

LICHT. Gnäd'ger Herr?

WALTER. Was jene Frau uns dort für eine Perücke bringt?

LICHT. Hm!

WALTER. Was?

LICHT. Verzeiht –

WALTER. Werd ich's erfahren?

LICHT. Wenn Ew. Gnaden gütigst die Frau, durch den Herrn Richter fragen wollen, so wird, wem die Perücke angehört, sich, und das Weitre, zweifl' ich nicht ergeben.

WALTER. – Ich will nicht wissen, wem sie angehört. Wie kam die Frau dazu? Wo fand sie sie?

LICHT. Die Frau fand die Perücke im Spalier bei Frau Margrethe Rull. Sie hing gespießt, gleich einem Nest, im Kreuzgeflecht des Weinstocks, dicht unterm Fenster, wo die Jungfer schläft.

FRAU MARTHE. Was? Bei mir? Im Spalier?

WALTER. (heimlich). Herr Richter Adam, habt ihr mir etwas zu vertraun, so bitt' ich, um die Ehre des Gerichtes, Ihr seid so gut, und sagt mir's an.

ADAM. Ich euch –?

WALTER. Nicht? Habt ihr nicht –?

ADAM. Auf meine Ehre – (er ergreift die Perücke).

WALTER. Hier die Perücke ist die eure nicht?

ADAM. Hier die Perück' ihr Herren, ist die meine! Das ist, Blitz-Element, die nemliche, die ich dem Burschen vor acht Tagen gab, nach Utrecht sie zum Meister Mehl zu bringen.

WALTER. Wem? Was?

LICHT. Dem Ruprecht?

RUPRECHT. Mir?

ADAM. Hab ich ihm, Schlingel, als er nach Utrecht vor acht Tagen ging, nicht die Perück' hier anvertraut, sie zum Friseur, daß er sie renoviere, hinzutragen?

RUPRECHT. Ob er –? Nun ja. Er gab mir –

ADAM. Warum hat er nicht die Perück', Hallunke, abgegeben? Warum nicht hat er sie, wie ich befohlen, beim Meister in der Werkstatt abgegeben?

RUPRECHT. Warum ich sie –? Gott's, Himmel-Donner – Schlag! Ich hab' sie in der Werkstatt abgegeben. Der Meister Mehl nahm sie –

ADAM. Sie abgegeben? Und jetzt hängt sie im Weinspalier bei Marthens? O wart, Canaille! So entkommst du nicht. Dahinter steckt mir von Verkappung was, und Meuterei, was weiß ich? – Wollt ihr erlauben, daß ich sogleich die Frau nur inquirire?

WALTER. Ihr hättet die Perücke –?

ADAM. Gnäd'ger Herr, als jener Bursche dort, vergangnen Dienstag, nach Utrecht fuhr mit seines Vaters Ochsen, kam er in's Amt, und sprach, Herr Richter Adam, habt ihr im Städtlein etwas zu bestellen? Mein Sohn, sag ich, wenn du so gut willt sein, so laß mir die Perück' hier auftoupiren – Nicht aber sagt' ich ihm, geh und bewahre Sie bei dir auf, verkappe dich darin, und laß sie im Spalier bei Marthens hängen.

FRAU BRIGITTE. Ihr Herrn, der Ruprecht, mein' ich, halt zu Gnaden, der war's wohl nicht. Denn da ich gestern Nacht hinaus auf's Vorwerk geh', zu meiner Muhme, die schwer im Kindbett liegt, hört' ich die Jungfer gedämpft, im Garten hinten jemand schelten: Wuth scheint und Furcht die Stimme ihr zu rauben. Pfui, schäm' er sich, er Niederträchtiger, was macht Er? Fort. Ich werd' die Mutter rufen; Als ob die Spanier im Lande wären. Drauf: Eve! durch den Zaun hin: Eve! ruf' ich. Was hast du? Was auch giebt's? – Und still wird es: Nun? Wirst du antworten? – Was wollt ihr, Muhme? Was hast du vor? frag' ich. – Was werd' ich haben. Ist es der Ruprecht? – „Ei so ja, der Ruprecht. Geht euren Weg doch nur." – So koch dir Thee. Das liebt sich, denk' ich, wie sich andre zanken.

FRAU MARTHE. Mithin –?

RUPRECHT. Mithin –?

WALTER. Schweigt! Laßt die Frau vollenden.

FRAU BRIGITTE. Da ich vom Vorwerk nun zurückekehre, zur Zeit der Mitternacht etwa, und just, im Lindengang, bei Marthens Garten bin, huscht euch ein Kerl bei mir vorbei, kahlköpfig, mit einem Pferdefuß, und hinter ihm erstinkt's wie Dampf von Pech und Haar und Schwefel. Ich sprech' ein Gott sei bei uns aus, und drehe entsetzensvoll mich um, und seh', mein Seel', die Glatz ihr Herrn im Verschwinden noch, wie faules Holz, den Lindengang durchleuchten.

RUPRECHT. Was! Himmel – Tausend –!

FRAU MARTHE. Ist sie toll, Frau Briggy?

RUPRECHT. Der Teufel, meint Sie, wär's –?

LICHT. Still! Still!

FRAU BRIGITTE. Mein Seel! Ich weiß, was ich gesehen und gerochen.

WALTER. (ungeduldig). Frau, ob's der Teufel war, will ich nicht untersuchen, ihn aber, ihn denunziirt man nicht. Kann sie von einem andern melden, gut: Doch mit dem Sünder da verschont sie uns.

LICHT. Wollen Ew. Gnaden sie vollenden lassen.

WALTER. Blödsinnig Volk, das!

FRAU BRIGITTE. Gut, wie ihr befehlt. Doch der Herr Schreiber Licht sind mir ein Zeuge.

WALTER. Wie? Ihr ein Zeuge?

LICHT. Gewissermaßen, ja.

WALTER. Fürwahr, ich weiß nicht –

LICHT. Bitte ganz submiß, die Frau in dem Berichte nicht zu stören. Daß es der Teufel war, behaupt' ich nicht; Jedoch mit Pferdefuß, und kahler Glatze und hinten Dampf, wenn ich nicht sehr mich irre, hat's seine völl'ge Richtigkeit! – Fahrt fort!

FRAU BRIGITTE. Da ich nun mit Erstaunen heut vernehme, was bei Frau Marthe Rull geschehn, und ich den Krugzertrümmrer auszuspioniren, der mir zu Nacht begegnet am Spalier, den Platz, wo er gesprungen, untersuche, find ich im Schnee, ihr Herrn, euch eine Spur – Was find ich euch für eine Spur im Schnee? Rechts fein und scharf und nett gekantet immer, ein ordentlicher Menschenfuß, und links unförmig grobhin eingetölpelt ein ungeheurer klotz'ger Pferdefuß.

WALTER. (ärgerlich). Geschwätz, wahnsinniges, verdammenswürd'ges –!

VEIT. Es ist nicht möglich, Frau!

FRAU BRIGITTE. Bei meiner Treu! Erst am Spalier, da, wo der Sprung geschehen, Seht, einen weiten, schneezerwühlten Kreis, als ob sich eine Sau darin gewälzt; Und Menschenfuß und Pferdefuß von hier, und Menschenfuß und Pferdefuß, und Menschenfuß und Pferdefuß, quer durch den Garten, bis in alle Welt.

ADAM. Verflucht! – hat sich der Schelm vielleicht erlaubt, verkappt des Teufels Art –?

RUPRECHT. Was! Ich!

LICHT. Schweigt! Schweigt!

FRAU BRIGITTE. Wer einen Dachs sucht, und die Fährt' entdeckt, der Waidmann, triumphirt nicht so, als ich. Herr Schreiber Licht, sag' ich, denn eben seh' ich, von Euch geschickt, den Würd'gen zu mir treten, Herr Schreiber Licht, spart Eure Session, den Krugzertrümmerer judicirt ihr nicht, der sitzt nicht schlechter euch, als in der Hölle: Hier ist die Spur die er gegangen ist.

WALTER. So habt ihr selbst euch überzeugt?

LICHT. Ew. Gnaden, mit dieser Spur hat's völl'ge Richtigkeit.

WALTER. Ein Pferdefuß?

LICHT. Fuß eines Menschen, bitte, Doch praeter propter wie ein Pferdehuf.

ADAM. Mein Seel, ihr Herrn, die Sache scheint mir ernsthaft. Man hat viel beißend abgefaßte Schriften, die, daß ein Gott sei, nicht gestehen wollen; Jedoch den Teufel hat, soviel ich weiß, kein Atheist noch bündig wegbewiesen. Der Fall, der vorliegt, scheint besonderer Erörtrung werth. Ich trage darauf an, bevor wir ein Conclusum fassen, im Haag bei der Synode anzufragen, ob das Gericht befugt sei, anzunehmen, daß Belzebub den Krug zerbrochen hat.

WALTER. Ein Antrag, wie ich ihn von euch erwartet. Was wohl meint ihr, Herr Schreiber?

LICHT. Ew. Gnaden werden nicht die Synode brauchen, um zu urtheil'n. Vollendet – mit Erlaubniß! – den Bericht, Ihr Frau Brigitte, dort; so wird der Fall aus der Verbindung, hoff' ich, klar constiren.

FRAU BRIGITTE. Hierauf: Herr Schreiber Licht, sag' ich, laßt uns die Spur ein wenig doch verfolgen, sehn, wohin der Teufel wohl entwischt mag sein. Gut, sagt er, Frau Brigitt', ein guter Einfall; Vielleicht gehn wir uns nicht weit um, wenn wir zum Herrn Dorfrichter Adam gehn.

WALTER. Nun? Und jetzt fand sich –?

FRAU BRIGITTE. Zuerst jetzt finden wir jenseits des Gartens, in dem Lindengange, den Platz, wo Schwefeldämpfe von sich lassend, der Teufel bei mir angeprellt: ein Kreis, wie scheu ein Hund etwa zur Seite weicht, wenn sich die Katze prustend vor ihm setzt.

WALTER. Drauf weiter?

FRAU BRIGITTE. Nicht weit davon jetzt steht ein Denkmal seiner, an einem Baum, daß ich davor erschrecke.

WALTER. Ein Denkmal? Wie?

FRAU BRIGITTE. Wie? ja, da werdet ihr –

ADAM (für sich). Verflucht mein Unterleib.

LICHT. Vorüber, bitte, Vorüber hier, ich bitte, Frau Brigitte.

WALTER. Wohin die Spur euch führte, will ich wissen!

FRAU BRIGITTE. Wohin? Mein Treu, den nächsten Weg zu euch, just wie Herr Schreiber Licht gesagt.

WALTER. Zu uns? Hierher?

FRAU BRIGITTE. Vom Lindengange, ja, auf's Schulzenfeld, den Karpfenteich entlang, den Steg, quer über'n Gottesacker dann, hier, sag' ich, her, zum Herrn Dorfrichter Adam.

WALTER. Zum Herrn Dorfrichter Adam?

ADAM. Hier zu mir?

FRAU BRIGITTE. Zu euch, ja.

RUPRECHT. Wird doch der Teufel nicht in dem Gerichtshof wohnen?

FRAU BRIGITTE. Mein Treu, ich weiß nicht, ob er in diesem Hause wohnt; doch hier, ich bin nicht ehrlich, ist er abgestiegen: Die Spur geht hinten ein bis an die Schwelle.

ADAM. Sollt' er vielleicht hier durchpassirt –?

FRAU BRIGITTE. Ja, oder durchpassirt. Kann sein. Auch das. Die Spur vornaus –

WALTER. War eine Spur vornaus?

LICHT. Vornaus, verzeihn Ew. Gnaden, keine Spur.

FRAU BRIGITTE. Ja, vornaus war der Weg zertreten.

ADAM. Zertreten. Durchpassirt. Ich bin ein Schuft. Der Kerl, paßt auf, hat den Gesetzen hier was angehängt. Ich will nicht ehrlich sein, wenn es nicht stinkt in der Registratur. Wenn meine Rechnungen, wie ich nicht zweifle, verwirrt befunden werden sollten, auf meine Ehr', ich stehe für nichts ein.

WALTER. Ich auch nicht. (für sich). Hm! Ich weiß nicht, war's der Linke, War es der Rechte? Seiner Füße einer – Herr Richter! Eure Dose! – Seid so gefällig.

ADAM. Die Dose?

WALTER. Die Dose. Gebt! hier!

ADAM (zu Licht). Bringt dem Herrn Gerichtsrath.

WALTER. Wozu die Umständ'? Einen Schritt gebraucht's.

ADAM. Es ist schon abgemacht. Gebt Sr. Gnaden.

WALTER. Ich hätt euch was ins Ohr gesagt.

ADAM. Vielleicht, daß wir nachher Gelegenheit –

WALTER. Auch gut. (nachdem sich Licht wieder gesetzt). Sagt doch, ihr Herrn, ist jemand hier im Orte, der mißgeschaffne Füße hat?

LICHT. Hm! Allerdings ist jemand hier in Huisum –

WALTER. So? Wer?

LICHT. Wollen Ew. Gnaden den Herrn Richter fragen –

WALTER. Den Herrn Richter Adam?

ADAM. Ich weiß von nichts. Zehn Jahre bin ich hier im Amt zu Huisum, so viel ich weiß, ist alles grad gewachsen.

WALTER. (zu Licht). Nun? Wen hier meint ihr?

FRAU MARTHE. Laß er doch seine Füße draußen! Was steckt er unter'n Tisch verstört sie hin, daß man fast meint, er wär die Spur gegangen.

WALTER. Wer? Der Herr Richter Adam?

ADAM. Ich? Die Spur? Bin ich der Teufel? Ist das ein Pferdefuß? (er zeigt seinen linken Fuß).

WALTER. Auf meine Ehr'. Der Fuß ist gut. (heimlich) Macht jetzt mit der Session sogleich ein Ende.

ADAM. Ein Fuß, wenn den der Teufel hätt', so könnt' er auf die Bälle gehn und tanzen.

FRAU MARTHE. Das sag' ich auch. Wo wird der Herr Dorfrichter –

ADAM. Ach, was! Ich!

WALTER. Macht', sag' ich, gleich ein Ende.

FRAU BRIGITTE. Den einz'gen Skrupel nur, ihr würd'gen Herrn, Macht, dünkt mich, dieser feierliche Schmuck!

ADAM. Was für ein feierlicher –?

FRAU BRIGITTE. Hier, die Perücke! Wer sah den Teufel je in solcher Tracht? Ein Bau, gethürmter, strotzender von Talg, als eines Domdechanten auf der Kanzel!

ADAM. Wir wissen hier zu Land nur unvollkommen, was in der Hölle Mod' ist, Frau Brigitte! Man sagt, gewöhnlich trägt er eignes Haar. Doch auf der Erde, bin ich überzeugt, wirft er in die Perücke sich, um sich den Honoratioren beizumischen.

WALTER. Nichtswürd'ger! Werth, vor allem Volk ihn schmachvoll vom Tribunal zu jagen! Was euch schützt, ist einzig nur die Ehre des Gerichts. Schließt eure Session!

ADAM. Ich will nicht hoffen –

WALTER. Ihr hofft jetzt nichts. Ihr zieht euch aus der Sache.

ADAM. Glaubt ihr, ich hätte, ich, der Richter, gestern, im Weinstock die Perücke eingebüßt?

WALTER. Behüte Gott! Die eur' ist ja im Feuer, wie Sodom und Gomorrha, aufgegangen.

LICHT. Vielmehr – vergebt mir, gnäd'ger Herr! die Katze hat gestern in die seinige gejungt.

ADAM. Ihr Herrn, wenn hier der Anschein mich verdammt: Ihr übereilt euch nicht, bitt' ich. Es gilt mir Ehre oder Prostitution. Solang die Jungfer schweigt, begreif' ich nicht, mit welchem Recht ihr mich beschuldiget. Hier auf dem Richterstuhl von Huisum sitz' ich, und lege die Perücke auf den Tisch: Den, der behauptet, daß sie mein gehört, fordr' ich vor's Oberlandgericht in Utrecht.

LICHT. Hm! Die Perücke paßt euch doch, mein Seel, als wär auf euren Scheiteln sie gewachsen. (er setzt sie ihm auf).

ADAM. Verläumdung!

LICHT. Nicht?

ADAM. Als Mantel um die Schultern mir noch zu weit, wie viel mehr um den Kopf. (er besieht sich im Spiegel).

RUPRECHT. Ei, solch ein Donnerwetter-Kerl!

WALTER. Still, er!

FRAU MARTHE. Ei, solch ein Blitz verfluchter Richter, das!

WALTER. Noch einmal, wollt ihr gleich, soll ich die Sache enden?

ADAM. Ja, was befehlt ihr?

RUPRECHT. (zu Eve). Eve, sprich, ist er's?

WALTER. Was untersteht der Unverschämte sich?

VEIT. Schweig du, sag' ich.

ADAM. Wart, Bestie! Dich fass' ich.

RUPRECHT. Ei, du Blitz-Pferdefuß!

WALTER. Heda! der Büttel!

VEIT. Halt's Maul, sag' ich.

RUPRECHT. Wart! Heute reich' ich dich. Heut' streust du keinen Sand mir in die Augen.

WALTER. Habt ihr nicht so viel Witz, Herr Richter –?

ADAM. Ja, wenn Ew. Gnaden erlauben, fäll ich jetzo die Sentenz.

WALTER. Gut. Thut das. Fällt sie.

ADAM. Die Sache jetzt constirt, und Ruprecht dort, der Racker, ist der Thäter.

WALTER. Auch gut das. Weiter.

ADAM. Den Hals erkenn ich ins Eisen ihm, und weil er ungebührlich sich gegen seinen Richter hat betragen, Schmeiß ich ihn ins vergitterte Gefängniß. Wie lange, werd ich noch bestimmen.

EVE. Den Ruprecht –?

RUPRECHT. In's Gefängniß mich?

EVE. In's Eisen?

WALTER. Spart eure Sorgen Kinder. – Seid ihr fertig?

ADAM. Den Krug meinthalb mag er ersetzen, oder nicht.

WALTER. Gut denn. Geschlossen ist die Session. Und Ruprecht appellirt an die Instanz zu Utrecht.

EVE. Er soll, er, erst nach Utrecht appelliren?

RUPRECHT. Was? Ich –?

WALTER. Zum Henker, ja! Und bis dahin –

EVE. Und bis dahin –?

RUPRECHT. In das Gefängniß gehn?

EVE. Den Hals in's Eisen stecken? Seid ihr auch Richter? Er dort, der Unverschämte, der dort sitzt, Er selber war's –

WALTER. Du hörst's, zum Teufel! Schweig! Ihm bis dahin krümmt sich kein Haar –

EVE. Auf, Ruprecht! Der Richter Adam hat den Krug zerbrochen!

RUPRECHT. Ei, wart, du!

FRAU MARTHE. Er?

FRAU BRIGITTE. Der dort?

EVE. Er, ja! Auf Ruprecht! Er war bei deiner Eve gestern! Auf! Fass' ihn! Schmeiß ihn jetzo, wie du willst.

WALTER. (steht auf). Halt dort! Wer hier Unordnungen –

EVE. Gleichviel! Das Eisen ist verdient, geh Ruprecht! Geh schmeiß ihn von dem Tribunal herunter.

ADAM. Verzeiht, ihr Herrn. (läuft weg).

EVE. Hier! Auf!

RUPRECHT. Halt' ihn!

EVE. Geschwind!

ADAM. Was?

RUPRECHT. Blitz-Hinketeufel!

EVE. Hast du ihn?

RUPRECHT. Gotts Schlag und Wetter! Es ist sein Mantel bloß!

WALTER. Fort! Ruft den Büttel!

RUPRECHT. (schlägt den Mantel). Ratz! Das ist eins. Und Ratz! Und Ratz! Noch eins. Und noch eins! In Ermangelung des Buckels.

WALTER. Er ungezogner Mensch! – Schafft hier mir Ordnung! – An ihm, wenn er sogleich nicht ruhig ist, Ihm wird der Spruch vom Eisen heut noch wahr.

VEIT. Sei ruhig, du vertrackter Schlingel!

Zwöfter Auftritt

Die VORIGEN, (ohne ADAM. –

Sie begeben sich alle in den Vordergrund der Bühne).

RUPRECHT. Ei, Evchen!

Wie hab' ich heute schändlich dich beleidigt! Ei Gott's Blitz, alle Wetter; und wie gestern! Ei, du mein goldnes Mädchen, Herzens-Braut! Wirst du dein Lebtag mir vergeben können?

EVE. (wirft sich dem Gerichtsrath zu Füßen). Herr! Wenn ihr jetzt nicht helft, sind wir verloren!

WALTER. Verloren? Warum das?

RUPRECHT. Herr Gott! Was giebt's?

EVE. Errettet Ruprecht von der Conscription! Denn diese Conscription – der Richter Adam Hat mir's als ein Geheimniß anvertraut, geht nach Ostindien; und von dort, ihr wißt, kehrt von drei Männern einer nur zurück!

WALTER. Was! Nach Ostindien! Bist du bei Sinnen?

EVE. Nach Bantam, gnäd'ger Herr; verläugnet's nicht! Hier ist der Brief, die stille heimliche Instruction, die Landmiliz betreffend, die die Regierung jüngst deshalb erließ: Ihr seht, ich bin von Allem unterrichtet.

WALTER. (nimmt den Brief und lies't ihn). O unerhört, arglistiger Betrug! – Der Brief ist falsch!

EVE. Falsch?

WALTER. Falsch, so wahr ich lebe! Herr Schreiber Licht, sagt selbst, ist das die Ordre, die man aus Utrecht jüngst an euch erließ?

LICHT. Die Ordre! Was! Der Sünder, der! Ein Wisch, den er mit eignen Händen aufgesetzt! – Die Truppen, die man anwarb, sind bestimmt zum Dienst im Landesinneren; kein Mensch denkt dran, sie nach Ostindien zu schicken!

EVE. Nein, nimmermehr, ihr Herrn?

WALTER. Bei meiner Ehre! Und zum Beweise meines Worts: den Ruprecht, wärs so, wie du mir sagst: ich kauf' ihn frei!

EVE. (steht auf). O Himmel! Wie belog der Böswicht mich! Denn mit der schrecklichen Besorgniß eben quält' er mein Herz, und kam, zur Zeit der Nacht, mir ein Attest für Ruprecht aufzudringen; Bewies, wie ein erlognes Krankheitszeugniß, von allem Kriegsdienst ihn befreien könnte; Erklärte und versicherte und schlich, um es mir auszufert'gen, in mein Zimmer: So Schändliches, Ihr Herren, von mir fordernd, daß es kein Mädchenmund wagt auszusprechen!

FRAU BRIGITTE.

Ei, der nichtswürdig-schändliche Betrüger!

RUPRECHT. Laß, laß den Pferdehuf, mein süßes Kind! Sieh, hätt' ein Pferd bei dir den Krug zertrümmert, ich wär so eifersüchtig just, als jetzt! (sie küssen sich).

VEIT.

Das sag' ich auch! Küßt und versöhnt und liebt euch; Und Pfingsten, wenn ihr wollt, mag Hochzeit sein!

LICHT (am Fenster). Seht, wie der Richter Adam, bitt' ich euch, Berg auf, Berg ab, als flöh er Rad und Galgen, das aufgepflügte Winterfeld durchstampft!

WALTER. Was? Ist das Richter Adam?

LICHT. Allerdings!

MEHRERE. Jetzt kommt er auf die Straße. Seht! Seht! Wie die Perücke ihm den Rücken peitscht!

WALTER. Geschwind, Herr Schreiber, fort! Holt ihn zurück! Daß er nicht Uebel rettend ärger mache. Von seinem Amt zwar ist er suspendirt, und euch bestell' ich, bis auf weitere Verfügung, hier im Ort es zu verwalten; Doch sind die Cassen richtig, wie ich hoffe, zur Desertion ihn zwingen will ich nicht. Fort! Thut mir den Gefallen, holt ihn wieder!

Letzter Auftritt

Die VORIGEN (ohne LICHT).

FRAU MARTHE. Sagt doch, gestrenger Herr, wo find' ich auch den Sitz in Utrecht der Regierung?

WALTER. Weshalb, Frau Marthe?

FRAU MARTHE (empfindlich). Hm! Weshalb? Ich weiß nicht – Soll hier dem Kruge nicht sein Recht geschehn?

WALTER. Verzeiht mir! Allerdings. Am großen Markt, und Dienstag ist und Freitag Session.

FRAU MARTHE. Gut! Auf die Woche stell' ich dort mich ein.

(Alle ab).